내게는 특별한
독일어를 부탁해

첫걸음

다락원

내게는 특별한 첫걸음
독일어를 부탁해

지은이 서유경
펴낸이 정규도
펴낸곳 (주)다락원

초판 1쇄 발행 2016년 6월 30일
개정판 1쇄 인쇄 2023년 1월 11일
개정판 1쇄 발행 2023년 1월 17일

책임편집 이숙희, 박인경
디자인 윤지영, 윤현주
일러스트 윤병철
이미지 출처 Shutterstock
독일어 감수 Kai Rohs
녹음 Jan Dirks, Pia Neuss, Johannes Rosenthal,
　　　 A-Ra Kim, 김인, 김소희

다락원 경기도 파주시 문발로 211, 10881
내용 문의 : (02)736-2031 내선 420~426
구입 문의 : (02)736-2031 내선 250~252
Fax : (02)732-2037
출판등록 1977년 9월 16일 제406-2008-000007호

ISBN 978-89-277-3312-6 13750

http://www.darakwon.co.kr
다락원 홈페이지를 방문하시면 상세한 출판 정보와 함께
MP3 자료 등 다양한 어학 정보를 얻으실 수 있습니다.

내게는 특별한
독일어를 부탁해

서유경 지음

머리말

'독일' 하면 우리에게 자연스럽게 떠오르는 것으로 무엇이 있을까요? 아마도 대부분의 사람들이 철학, 고전 음악, 자동차, 통일, 축구, 맥주, 옥토버페스트 등을 떠올릴 것입니다. 이외에도 세계에서 유일하게 속도 제한이 없는 독일의 고속도로인 아우토반이나 전 세계인의 입맛을 표준화한 햄버거의 유래가 되는 독일의 도시 함부르크도 잘 알려져 있고, 아르바이트, 알레르기, 킨더가르텐, 마이스터, 아스피린 등의 이름들 역시 우리가 자주 접하게 되는 독일어입니다. '한강의 기적'은 독일 '라인강의 기적'에 비유되기도 하고, 우리의 법체계는 독일법의 영향을 받았습니다. 이렇게 독일은 정치, 경제, 사회, 문화 등 다양한 분야에서 우리의 생활 속에 깊숙하게 자리 잡고 있는 나라입니다.

1990년 통일 후 독일은 막강한 경제력을 바탕으로 유럽 연합의 중심국으로 우뚝 섰고, 유럽에서 독일어의 위상은 그 어느 때보다 높아져 있습니다. 독일어는 유럽에서 가장 많은 사람들이 모국어로 사용하는 언어일 뿐 아니라, 유럽 연합의 공용어이자 공식적인 실무 언어이며, 출판업계에서 영어 다음으로 많이 사용되는 학술 언어이기도 합니다. 이처럼 독일어를 학습해야 할 이유는 손에 꼽을 수 없을 정도로 많습니다.

이 책은 독일어를 처음 배우는 학습자도 혼자서 쉽게 익힐 수 있도록 기획되었습니다. 원어민의 녹음 파일은 학습자의 발음 훈련에 도움을 주고 귀를 열어 주며, 개성 있는 등장인물들은 학습자가 일상생활에서 자주 경험할 수 있는 상황으로 안내합니다. 실제로 활용될 수 있는 문장 중심으로 중요한 문법을 핵심적으로 설명하기 때문에 효과적인 학습이 가능합니다. 문법 따로, 회화 따로, 청해 따로가 아닌 외국어 학습에서 중요한 문법, 말하기, 듣기를 한꺼번에 정복할 수 있게 구성되어 있습니다. 또한 필수적인 기본 정보들을 꼭꼭 집어내는 친절한 설명은 학습자가 재미있게 따라갈 수 있는 훌륭한 안내자의 역할을 합니다.

이 책의 출간은 많은 분들의 도움에 빚지고 있습니다. 독일어를 처음 배우는 초심자의 눈높이로 원고를 읽고 독일어에 이미 익숙한 필자는 생각할 수 없었던 점까지 꼼꼼하게 확인하여 소중한 조언과 질문을 해 주신 다락원 편집진과 제가 미처 챙기지 못한 부분을 짚어 준 이한솔 씨, 동영상 강의 촬영을 편안하게 이끌어 준 이부장 씨, 생동감 있는 그림과 빛나는 아이디어로 교재를 편집해 주신 삽화가와 디자이너, 그리고 멀리 독일에서 기꺼이 원고의 교정을 맡아 주신 카이 로스 교수님께 진심 어린 감사의 마음을 전합니다. 마지막으로, 언제나 함께하며 이 책의 출간에 도움을 아끼지 않았던 사랑하는 남편 하성식에게 특별히 고마운 마음을 전하고 싶습니다.

서유경

예비과

알파벳, 철자 기호, 발음 기호에 대한 설명을 통해 독일어를 정확하게 발음할 수 있는 기본 지식을 알려 줍니다. 아울러 강세, 관사, 명사의 성, 수, 격, 분리 동사와 비분리 동사, 의문문에 대한 기본적인 내용을 간단히 정리하였으므로 미리 익혀 두면 본문의 내용을 이해하는 밑거름이 됩니다.

본문 1~20과

● 주요 구문 & 문법

각 과에서 다루는 문법과 관련 구문을 소개하고 설명합니다.
각 과의 핵심 구문을 삽화와 함께 페이지 상단에 제시함으로써 학습 내용을 한눈에 파악할 수 있습니다. '주요 구문 & 문법'의 첫 페이지는 대화 1에 관련된 문법·구문 설명이고, 두 번째 페이지는 대화 2에 관련된 문법·구문 설명입니다.

주의 혼동이 될 수 있는 주요 내용을 다시 한번 확인하는 항목입니다.

참고 추가 설명이나 정보 제공을 위한 항목입니다.

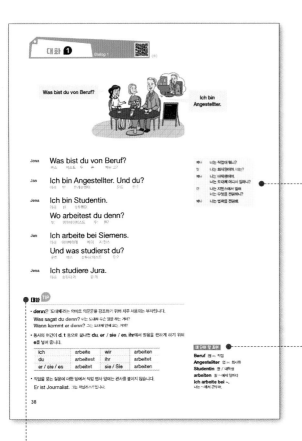

● 대화

대화1과 대화2로 나누어져 있습니다. 앞에 제시된 주요
구문과 문법을 활용하여 실생활에서 만날 수 있는 다양한
상황을 재현함으로써 회화 실력을 향상시키는 기회를
제공합니다. 5과까지 독일어에 가장 가까운 한국어
발음이 병기되어 있어 학습 초기에 발음을 익히는 데
도움을 줍니다.

해석 각 과의 대화문을 우리말로 옮겨 학습자의
이해를 돕습니다.

새 단어 및 표현 대화문에 새롭게 등장한 단어와
표현들을 한국어 뜻과 함께
정리합니다. 필요할 경우 학습자의
이해를 돕는 설명을 포함하고
있습니다.

대화 Tip 대화문에 등장한 주요 표현에
대한 추가 설명과 주의 사항을
담고 있습니다.

● 추가 단어

각 과의 내용과 관련된 단어들을
분야별로 나누어 삽화와 함께
제시함으로써 어휘 실력을 키워
줍니다.

약자 표시 *m.* 남성   *f.* 여성
n. 중성   *pl.* 복수

● 유용한 표현

다양한 상황을 통해 실생활에서
유용하게 쓸 수 있는 독일어
표현들을 익힐 수 있습니다.

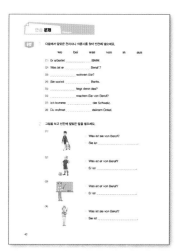

● 연습 문제

각 과에서 배웠던 학습 내용을 제대로 이해했는지 스스로 확인하는 부분으로
문법·듣기·읽기 문제로 나누어져 있습니다. 다양한 유형의 관련 문제를 통해
문법 내용을 복습하고, 듣기 문제에서는 청취를 통해 학습 내용을 파악하는
능력을 기를 수 있습니다. 듣기 문제는 각각 두 번씩 들려 줍니다. 마지막으로
다양한 내용의 읽기 문제를 통해서 독해력과 어휘력을 향상시킬 수 있습니다.

● Inside 독일

쉬어 가는 코너로, 독일의 사회,
문화 및 풍습을 소개합니다.

주요 표현 미니북

일상에서 자주 쓰이는 독일어의 기본적인 구문을 정리하였습니다.
각 과의 내용을 학습한 후에 복습용으로 활용하거나 회화에
응용할 수 있습니다. 독일어와 우리말이 동시에 녹음되어 있고,
포켓북 크기로 되어 있어 휴대가 간편합니다.

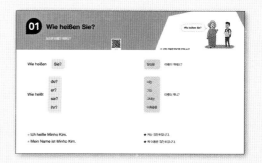

MP3 음성 파일

QR 코드로 제공되는 MP3 음성 파일은 학습자가 원어민의 발음에
익숙해지도록 본책에 있는 예비과의 발음, 각 과의 대화문과 듣기
연습 문제, 추가 단어, 유용한 표현 등을 담았습니다. 반복해서
듣고 따라 읽어 주세요.

동영상 강의

예비과 1, 2와 본문 20과, 총 22개의 강의로 구성되어
있으며, QR 코드를 통해 손쉽게 시청할 수 있습니다.
각 과의 핵심 내용을 쉽게 풀어 설명함으로써 학습자의 이해를
돕습니다. 본책의 제한된 지면으로 인해 자세한 설명을 곁들일 수
없었던 부분을 저자 직강 동영상 강의로 보완하였습니다.

차 례

부록

대화①	대화②	추가 단어	유용한 표현	Inside 독일
인사하기, 자기소개 하기	국적 표현하기	• 국가명과 국적	만날 때와 헤어질 때 인사 표현	독일어로 말해요!
직업 묻고 대답하기	거주지 묻고 답하기	• 직업명	반복이나 천천히 말해 줄 것을 부탁할 때	당신의 이름은 무엇인가요?
물건 물어보기	'예/아니요'로 묻고 답하기	• 사물의 명칭	질문하기, 고마움을 표현하고 답하기	독일에서 방 구하기
가족 소개하기	취미 묻고 답하기	• 가족 관계 • 취미 활동	사과하기와 유감 말하기	세계 제일의 산업 전시회 개최국 독일
격려하기	도치문을 활용하여 안부 묻고 답하기	• 감정 형용사 • 형용사의 반의어	기원 표현	독일의 교육 제도는 한국과 어떻게 다를까요?
전화 메시지 남기기, 전화번호 말하기	다른 사람 소개하기	• 통신 수단 • 통신 관련 표현	전화 통화 표현	독일의 혼탕 문화의 기원 FKK
시간 물어보기	일과 말하기	• 하루의 시간 표현 • 생활 속 분리 동사	시간 관련 표현	Prost! 독일 맥주 이야기
비교급을 활용하여 기호 말하기	레스토랑에서 계산하기	• 음식 이름	레스토랑과 관련된 표현	그림 형제 (Brüder Grimm)와 메르헨가도 (Märchenstraße)
날짜 묻기, 초대하기	서수 표현하기, 선물 고르기	• 날짜 관련 단어	모임에서 쓰는 유용한 표현	상수시, 프리드리히 2세 그리고 감자
물건 위치 알려 주기	행선지 말하기	• 집의 내부와 가구의 명칭	특별한 기념일에 하는 인사	독일의 사회보험 Sozialversicherung
권유하기	병원에서 증상 말하기	• 신체 명칭	병원에서 필요한 표현	독일인의 국민성
백화점에서 위치 묻고 답하기	백화점에서 물건 문의하기	• 백화점 • 의복	옷 가게에서	고전 음악의 오랜 전통을 가진 독일
거리에서 길 물어보기	기차표 구입하기	• 건물과 장소의 명칭 • 길의 종류	길 설명하기	독일에서 이용되는 대중 교통수단에 대해 살펴볼까요?
날씨 물어보기	일기 예보 전달하기	• 방위 • 사계절	날씨에 관한 표현	독일의 경제력
휴가 계획 물어보기	사고 상황 전달하기	• 여행과 관광 • 여행 관련 용품	숙소 구하기	홀로코스트 Holocaust
지난 일 말하기	여행에 대해 말하기	• 가전제품	상대방의 말에 반응하기 ①	백조의 성 Schloss Neuschwanstein
이유 말하기	시장에서 물건 사기	• 과일류 • 채소류	상대방의 말에 반응하기 ②	독일의 기후
방학 계획 말하기	도움 요청하기	• 재귀 동사	부탁이나 양해를 구하는 표현	본받을 만한 독일의 배려 문화
인터넷 쇼핑하기	약속 잡기	• 단위 명사 • 식기류	은행과 우체국에서 사용하는 표현	쾌속 질주, 아우토반 Autobahn
관계 대명사를 활용하여 설명하기	es~, dass 구문을 활용하여 설명하기	• 음식 조리 관련 단어 • 맛 표현	의견 나누기	독일의 대표 와인, 아이스와인 Eiswein

예나 Jena

독일에서 유학 중인
한국인 대학생

민호 Minho

예나와 같이
독일에서 유학 중인
한국인 대학생

페터 Peter

독일인.
민호와 같은
대학에 다니는
대학생

라우라 Laura

독일인.
예나와 같은
대학에 다니는 대학생

안나 Anna

이탈리아인.
독일에서
유학 중인 대학생.
예나의 친구

얀 Jan

독일인. 회사원.
라우라의 남자 친구

바우어 교수님
Professor
Bauer

독일인.
예나의 대학 교수님

좀머 부인
Frau Sommer

독일인.
예나의 홈스테이
아주머니

이제
독일어를
배워 볼까요?

동영상 강의

예비과 ①

예비과 ②

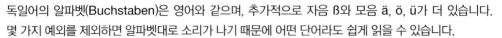

① 알파벳

독일어의 알파벳(Buchstaben)은 영어와 같으며, 추가적으로 자음 ß와 모음 ä, ö, ü가 더 있습니다.
몇 가지 예외를 제외하면 알파벳대로 소리가 나기 때문에 어떤 단어라도 쉽게 읽을 수 있습니다.

A a	아	[a:]		**P p**	페	[pe:]
B b	베	[be:]		**Q q**	쿠	[ku:]
C c	체	[tse:]		**R r**	에르	[εr]
D d	데	[de:]		**S s**	에스	[εs]
E e	에	[e:]		**T t**	테	[te:]
F f	에프	[εf]		**U u**	우	[u:]
G g	게	[ge:]		**V v**	파우	[fau]
H h	하	[ha]		**W w**	베	[ve:]
I i	이	[i:]		**X x**	익스	[ɪks]
J j	요트	[jɔt]		**Y y**	윕실론	[ʏpsilɔn]
K k	카	[ka:]		**Z z**	체트	[tsɛt]
L l	엘	[εl]		**Ä ä**	애	[ε:]
M m	엠	[εm]		**Ö ö**	외	[ø:]
N n	엔	[εn]		**Ü ü**	위	[y:]
O o	오	[o:]		**ß**	에스체트	[εstsɛt]

❷ 모음

A a 아	Mann 만 남자	**Ä ä** 애 (아움라우트)	Männer 매너 남자들
E e 에	Bett 베트 침대		
I i 이	Bild 빌트 그림	**Y y** 위, 이, 요 (윕실론)	typisch 튀:피쉬 전형적인 Bayern 바이언 바이에른 Yoga 요:가 요가
O o 오	Oma 오:마 할머니	**Ö ö** 외 (오움라우트)	öffnen 외프넨 문을 열다
U u 우	gut 구:트 좋은	**Ü ü** 위 (우움라우트)	Brüder 브뤼:더 남자 형제들

(1) 모음의 길고 짧음

모음 뒤에 자음이 두 개 이상 있을 경우에는 모음을 짧게 발음합니다.

Mann 만 남자   Bett 베트 침대   Bild 빌트 그림

모음을 길게 발음하는 경우는 다음의 네 가지가 있습니다.

① **동일한 모음 두 개가 중복될 경우:** Idee 이데: 생각, Tee 테: 차
② **모음 + 자음 1개:** Name 나:메 이름, sagen 자:겐 말하다
③ **모음 + h:** Sohn 존: 아들, gehen 게:엔 가다
④ **모음 + ß:** Fuß 푸:스 발, groß 그로:스 큰

(2) ä, ö, ü 모음

a, o, u가 변한 형태의 ä, ö, ü에서 모음 위에 붙은 (¨)은 '움라우트(Umlaut)'라고 읽고 각각 우리말의 '애, 외, 위'에 가까운 소리가 납니다.

(3) 복모음

두 개의 모음이 연이어 올 경우, 각각의 모음이 가진 소리를 그대로 발음하면 됩니다.

Haus 하우스 집   Mai 마이 오월

다음의 복모음들은 각각의 모음의 소리가 나는 것이 아니므로, 잘 기억해 두어야 합니다.

ie 이:	ie가 함께 쓰여질 때는 i를 길게 소리내면 됩니다.	Liebe 리:베 사랑 tief 티:프 깊은
ei 아이	ei가 함께 쓰여질 때는 '아이'로 발음됩니다.	Ei 아이 달걀 Eis 아이스 아이스크림 eins 아인스 하나
eu 오이	eu는 항상 '오이'로 발음됩니다.	neu 노이 새로운 Freund 프로인트 친구
äu 오이	ä는 e와 유사한 음이기 때문에 eu와 마찬가지로 '오이'로 발음합니다.	träumen 트로이멘 꿈을 꾸다

주의

Familie 파밀리에 (가족), Asien 아지엔 (아시아)와 같이 예외적으로 ie가 '이에'로 발음되는 경우도 있습니다.

❸ 자음

B b	단어 처음이나 모음 앞에서 [ㅂ]로 발음됩니다. 단어 끝이나 자음 앞에서 [ㅍ]로 발음됩니다.	Bruder 브루:더 남자 형제 Beruf 베루:프 직업 gelb 겔프 노란 Herbst 헤어프스트 가을
C c	주로 외래어에서 사용합니다. • [ts] [ㅊ] • [k] [ㅋ]	Celsius 첼지우스 섭씨 circa 치어카 대략 Café 카페 카페 Computer 콤퓨터 컴퓨터
D d	단어 처음이나 모음 앞에서 [ㄷ]로 발음됩니다. 단어 끝이나 자음 앞에서 [ㅌ]로 발음됩니다.	Dank 당크 감사 Kinder 킨더 아이들 Kind 킨트 아이 Hand 한트 손
F f	영어의 f ph = f	fallen 팔렌 떨어지다 Fahrrad 파:라트 자전거 Physik 퓌직 물리학 Philosophie 필로조피: 철학
G g	단어 처음이나 모음 앞에서 [ㄱ]로 발음됩니다. 단어 끝이나 자음 앞에서 [ㅋ]로 발음됩니다. 단어 끝에 -ig형태로 오면 [히]로 발음됩니다.	gut 구:트 좋은 Gast 가스트 손님 Tag 타:크 날, 낮 Weg 베:크 길 Honig 호:니히 꿀 König 쾨:니히 왕
H h	우리말의 [ㅎ]로 발음됩니다. 모음 뒤의 h는 발음되지 않고 앞의 모음을 길게 발음합니다.	Hut 후:트 모자 helfen 헬펜 돕다 nah 나: 가까운 sehen 제:엔 보다
J j	모음과 결합하여 ja [야], je [예], jo [요], ju [유]로 발음됩니다.	Ja 야: 예 Juli 율:리 칠월
K k	우리말의 [ㅋ]로 발음됩니다. ck = k	Kasse 카세 계산대 kommen 코멘 오다 Wecker 베커 자명종 dick 디크 두꺼운
L l	우리말의 [ㄹ] 발음에 해당합니다.	Land 란트 시골, 나라, 주 lang 랑 긴

M m	우리말의 [ㅁ] 발음에 해당합니다.	**Mund** 문트 입　**Mantel** 만텔 외투
N n	우리말의 [ㄴ] 발음에 해당합니다.	**Nase** 나:제 코　**Neffe** 네페 남자 조카
P p	우리말의 [ㅍ] 발음에 해당합니다.	**Paar** 파: 한 쌍　**prima** 프리마 최고의
Q q	Qu의 형태로 사용되며 우리말의 [크ㅂ]로 발음됩니다.	**Qual** 크발: 고통　**bequem** 베크벰: 편안한
R r	입천장이나 목젖을 마찰시켜 내는 소리입니다. 단어의 끝에 위치하면 모음화되어 [어]로 발음됩니다.	**Regen** 레:겐 비　**rot** 로:트 빨간 **ihr** 이:어 너희들　**Meer** 메:어 바다
S s	우리말의 [ㅅ] 발음에 해당합니다. 모음 앞에서 [ㅈ]로 발음됩니다.	**Glas** 글라:스 유리　**Lust** 루스트 흥미 **Saft** 자프트 주스　**Salz** 잘츠 소금
T t	우리말의 [ㅌ] 발음에 해당합니다. dt, th = t	**Tier** 티:어 동물　**Tür** 튀:어 문 **Stadt** 슈타트 도시　**Bibliothek** 비블리오텍: 도서관
V v	f와 동일한 발음입니다. 외래어 표현에서는 [ㅂ]으로 발음되기도 합니다.	**viel** 필: 많은　**Volk** 폴크 민족, 국민 **Vase** 바:제 꽃병
W w	윗니를 아랫입술에 살짝 대고 내는 소리로 우리말의 [ㅂ]에 해당하고 영어의 v에 가까운 소리가 납니다.	**was** 바스 무엇　**Wagen** 바:겐 자동차
X x	[k]와 [s]가 결합된 소리입니다.	**Text** 텍스트 텍스트　**Taxi** 탁시 택시
Z z	우리말의 ㅊ과 ㅉ의 중간 정도의 발음입니다. • ds, ts, tz = z • 외래어의 -tio, -tie 등에서 t는 [츠]로 소리납니다.	**Zimmer** 침머 방　**Zeit** 차이트 시간 **abends** 아:벤츠 저녁에　**Geburtstag** 게부어츠탁 생일 **benutzen** 베누첸 이용하다 **Reaktion** 레악치온 반응　**Patient** 파치엔트 환자
ß ss	우리말의 [ㅅ] 발음에 해당합니다. • 단모음 + ss • 복모음이나 장모음 + ß	**essen** 에쎈 먹다　**Wasser** 바써 물 **heiß** 하이쓰 뜨거운　**Fuß** 푸:쓰 발

● 자음의 예외적인 규칙

ch	a, o, u, au 뒤에서는 [흐]로, 그 외에는 [히]로 발음됩니다.	**Bach** 바흐 실개천　**Koch** 코흐 요리사　**Buch** 부흐 책 **Milch** 밀히 우유　**ich** 이히 나　**München** 뮌헨 뮌헨
ch	외래어의 경우 [크]나 [슈]로 발음됩니다.	**Charakter** 카락터 성격 **Chef** 셰프 우두머리, 장
chs	[k]와 [s]가 결합된 소리이며 x와 같은 발음입니다.	**Fuchs** 푹스 여우　**sechs** 젝스 여섯 **wachsen** 박센 성장하다

sch	[슈] 또는 [쉬]로 발음됩니다.	Schule 슐:레 학교 Fisch 피쉬 생선 Tisch 티쉬 책상
sp, st	s가 단어나 음절의 처음에 위치하고 p나 t와 결합할 때 s는 [슈]로 소리납니다.	Sport 슈포어트 스포츠 spielen 슈필:렌 놀다 Stadt 슈타트 도시
tsch	[취]로 발음됩니다.	Deutsch 도이취 독일어 tschüs 취:스 헤어질 때 하는 인사
nk, ng	[ㅇ] 받침 소리로 발음됩니다.	Bank 방크 은행 trinken 트링켄 마시다 bringen 브링엔 가지고 오다 singen 징엔 노래하다

④ 강세

(1) 독일어는 일반적으로 단어의 첫 모음에 강세가 있습니다.

áufstehen 아우프슈테:엔 일어나다 　　　Zímmer 침머 방
Wóhnung 보:눙 집 　　　mőglich 뫼클리히 가능한

(2) 그러나 다음의 경우는 예외에 속합니다.

① 부사에 강세가 있는 경우: 의문사 + 부사 (wo + her, wo + hin)

wohér 보헤어 어디에서 　　　wohín 보힌 어디로

② 뒤에 강세가 있는 경우

-ei 로 끝나는 명사	Bäckeréi 배커라이 빵집
-ent, -ik, -(t)ion, -tur 등으로 끝나는 외래어 명사	Studént 슈트덴트 대학생 Musík 무직 음악 Natión 나치온 국가 Natúr 나투어 자연
-ieren으로 끝나는 외래어 동사	telefoníeren 텔레포니:렌 전화하다

③ 동사 앞에 비분리 접두어 (be-, ge-, er-, ver-, zer-, ent-, emp-, miss-)가 있는 경우:
　그 다음 모음에 강세

bestéllen 베슈텔렌 주문하다 　　　gefállen 게팔렌 마음에 들다
erkláren 에어클래:렌 설명하다 　　　verstéhen 페어슈테:엔 이해하다
entschúldigen 엔트슐디겐 용서하다

2. 관사와 명사

❶ 관사

독일어의 관사는 명사의 성(남성, 여성, 중성, 복수)에 따라 각기 다르고, 1격에서 4격까지의 격에 따라 또 다른 형태를 취합니다.

(1) 정관사

앞에 나온 명사를 반복할 때, 상황으로 알 수 있는 명사, 유일한 것(태양) 혹은 일반화된 명사를 언급할 때 사용합니다.

	남성	여성	중성	복수
1격 (은/는)	der 데:어	die 디:	das 다스	die 디:
	der Mann 데:어 만 그 남자는	die Frau 디: 프라우 그 여자는	das Kind 다스 킨트 그 아이는	die Kinder 디: 킨더 그 아이들은
2격 (의)	des 데스	der 데:어	des 데스	der 데:어
	des Mannes 데스 만네스 그 남자의	der Frau 데:어 프라우 그 여자의	des Kindes 데스 킨데스 그 아이의	der Kinder 데:어 킨더 그 아이들의
3격 (에게)	dem 뎀	der 데:어	dem 뎀	den 덴:
	dem Mann 뎀 만 그 남자에게	der Frau 데:어 프라우 그 여자에게	dem Kind 뎀 킨트 그 아이에게	den Kindern 덴: 킨던 그 아이들에게
4격 (을/를)	den 덴:	die 디:	das 다스	die 디:
	den Mann 덴: 만 그 남자를	die Frau 디: 프라우 그 여자를	das Kind 다스 킨트 그 아이를	die Kinder 디: 킨더 그 아이들을

(2) 부정관사

처음 언급되는 명사나 관용적 표현에서 부정관사를 사용하며 복수의 형태는 존재하지 않습니다.

	남성	여성	중성
1격 (은/는)	ein 아인	eine 아이네	ein 아인
	ein Mann 아인 만 한 남자는	eine Frau 아이네 프라우 한 여자는	ein Kind 아인 킨트 한 아이는
2격 (의)	eines 아이네스	einer 아이너	eines 아이네스
	eines Mannes 아이네스 만네스 한 남자의	einer Frau 아이너 프라우 한 여자의	eines Kindes 아이네스 킨데스 한 아이의
3격 (에게)	einem 아이넴	einer 아이너	den 덴:
	einem Mann 아이넴 만 한 남자에게	einer Frau 아이너 프라우 한 여자에게	einem Kind 아이넴 킨트 한 아이에게
4격 (을/를)	einen 아이넨	eine 아이네	ein 아인
	einen Mann 아이넨 만 한 남자를	eine Frau 아이네 프라우 한 여자를	ein Kind 아인 킨트 한 아이를

② 명사

(1) 명사의 성

모든 명사의 첫 글자는 반드시 대문자로 쓰며 남성, 여성, 중성으로 구분하고, 성에 따라서 관사가 달라집니다. 명사가 사람일 때 '아이 das Kind 다스 킨트 (중성)', '소녀 das Mädchen 다스 매:트헨 (중성)'와 같이 예외적인 경우를 제외하고 자연적인 성을 따르게 되나, 사물의 경우에는 임의로 결정된 성을 따릅니다.

	남성	여성	중성
사람	Sohn 존: 아들	Tochter 토흐터 딸	Kind 킨트 아이
사물	Tisch 티쉬 책상	Zeitung 차이퉁 신문	Buch 부:흐 책

여성 명사는 형태로 구분이 가능한데, -e(소수의 예외 제외), -ei, -heit, -keit, -ung, -schaft, -tion 등으로 끝나는 명사가 여성 명사입니다.

Brille 브릴레 안경	Polizei 폴리차이 경찰	Gesundheit 게준트하이트 건강
Wohnung 보:눙 집	Freundschaft 프로인트샤프트 우정	Situation 지투아치온 상황

또한 남성 명사를 여성형으로 만들 때에는 남성 명사에 -in을 붙여서 여성 명사를 만듭니다.

남성	Lehrer 레:러 교사(남)	Student 슈트덴트 대학생(남)	Schüler 쉴:러 학생(남)
여성	Lehrerin 레:러린 교사(여)	Studentin 슈트덴틴 대학생(여)	Schülerin 쉴:러린 학생(여)

(2) 명사의 수

명사의 복수형은 그 형태가 다양하기 때문에 원칙적으로 암기해야 하지만, 다음의 5가지 경우를 익히고 적용하면 도움이 됩니다.

	단수형	복수형	명사의 특징
① 단수형 = 복수형 (대부분 a, o, u → ä, ö, ü)	der Vater 데:어 파:터 der Garten 데:어 가르텐 das Mädchen 다스 매:트헨	die Väter 디: 페:터 die Gärten 디: 게르텐 die Mädchen 디 매:트헨	• -er, -en, -el로 끝나는 남성 및 중성 명사 • -chen으로 끝나는 축소형 명사
② 단수 + e: (대부분 a, o, u → ä, ö, ü)	der Freund 데:어 프로인트 der Tisch 데:어 티쉬 der Stuhl 데:어 슈툴:	die Freunde 디: 프로인데 die Tische 디: 티쉐 die Stühle 디: 슈틸:레	①의 경우를 제외한 대부분의 남성, 중성 명사
③ 단수 + er: (대부분 a, o, u → ä, ö, ü)	das Kind 다스 킨트 das Land 다스 란트 das Haus 다스 하우스	die Kinder 디: 킨더 die Länder 디: 랜더 die Häuser 디: 호이저	대부분의 1음절 중성 명사

④ 단수 + en	die Frau 디: 프라우 die Zeitung 디: 차이퉁 die Tür 디: 튀:어	die Frauen 디: 프라우엔 die Zeitungen 디: 차이퉁엔 die Türen 디: 튀:렌	대부분의 여성 명사
⑤ 단수 + s	das Hotel 다스 호텔 das Auto 다스 아우토 die Kamera 디: 카메라	die Hotels 디: 호텔스 die Autos 디: 아우토스 die Kameras 디: 카메라스	대부분의 외래어

> **참고**
>
> 복합 명사인 경우에 강세는 앞에 있는 단어에 있고, 성과 수는 뒤에 있는 명사에 의해 결정되며,
> 두 단어 사이에 발음을 돕는 -s나 -es가 추가되기도 합니다.
>
> die Kinder 디: 킨더 아이들 + der Garten 데:어 가르텐 정원 = der Kindergarten 유치원
> das Jahr 다스 야: 년, 해 + die Zeit 디: 차이트 시간 = die Jahreszeit 계절

❸ 명사의 격

관사 설명에서 이미 언급했듯이 독일어 명사는 우리말의 조사 변화에 해당하는 격 변화가 있습니다. 1격에서
4격에 상응하는 우리말의 조사와 결합시켜 다시 한번 정리해 보면 다음과 같습니다.

	남성	여성	중성	복수
1격 (은/는)	der Vater 데:어 파:터 그 아빠는	die Mutter 디: 무터 그 엄마는	das Kind 다스 킨트 그 아이는	die Kinder 디: 킨더 그 아이들은
2격 (의)	des Vaters 데스 파:터스 그 아빠의	der Mutter 데:어 무터 그 엄마의	des Kindes 데스 킨데스 그 아이의	der Kinder 데:어 킨더 그 아이들의
3격 (에게)	dem Vater 뎀 파:터 그 아빠에게	der Mutter 데:어 무터 그 엄마에게	dem Kind 뎀 킨트 그 아이에게	den Kindern 덴: 킨던 그 아이들에게
4격 (을/를)	den Vater 덴: 파:터 그 아빠를	die Mutter 디: 무터 그 엄마를	das Kind 다스 킨트 그 아이를	die Kinder 디: 킨더 그 아이들을

> **주의**
>
> • 복수 명사(복수에 -s가 붙는 외래어와 복수에 -(e)n이 붙는 여성 명사는 제외)의 3격 다음에는
> 반드시 -n을 붙여야 합니다.
>
> den Kindern 그 아이들에게
> 덴: 킨던
>
> Ich gebe den Kindern ein Buch. 나는 그 아이들에게 책 한 권을 준다.
> 이히 게:베 덴: 킨던 아인 부:흐.
>
> • 2격은 항상 수식하는 명사 뒤에 오며, 모든 관사와 지시 대명사의 남성과 중성 2격 다음에 오는
> 명사의 뒤에는 주로 -s나 -es를 붙여야 합니다. 단음절로 끝나는 명사의 뒤에는 -es를, 2음절
> 이상으로 끝나는 명사의 뒤에는 -s를 붙입니다.
>
> Ich kenne die Adresse des Kindes. 나는 그 아이의 주소를 안다.
> 이히 케네 디: 아드레쎄 데스 킨데스.

독일어는 기본 동사에 접두어가 붙어 새로운 뜻의 동사가 만들어지는 특징이 있는데, 이런 경우 동사에 붙는 접두어는 비분리 접두어와 분리 접두어로 구분됩니다.

1 비분리 접두어

비분리 접두어는 8개가 있고 이 8개의 접두어는 독립적인 단어로 존재하지 않고 강세도 오지 않습니다.

be 베	**be**kommen 받다 베코멘	Sie **be**kommt ein Geschenk. 그 여자는 선물을 받는다. 지: 베콤트 아인 게쉔크.
er 에어	**er**zählen 이야기하다 에어첼:렌	Ich **er**zähle eine Geschichte. 내가 이야기 하나 해 줄게. 이히 에어첼:레 아이네 게쉬히테.
ge 게	**ge**hören ~의 것이다 게회:렌	Das Buch **ge**hört dem Lehrer. 그 책은 선생님의 것이다. 다스 부:흐 게회어트 뎀 레:러.
ver 페어	**ver**kaufen 팔다 페어카우펜	Er **ver**kauft sein Auto. 그는 자신의 차를 판다. 에:어 페어카우프트 자인 아우토.
zer 체어	**zer**stören 파괴하다 체어슈퇴:렌	Der Krieg **zer**stört die Stadt. 전쟁이 도시를 파괴한다. 데:어 크리:크 체어슈퇴어트 디: 슈타트.
miss 미스	**miss**verstehen 미스페어슈테:엔 오해하다	Du **miss**verstehst mich. 너는 나를 오해하고 있어. 두: 미스페어슈테:스트 미히.
ent 엔트	**ent**schuldigen 엔트슐디겐 용서하다	**Ent**schuldigen Sie mich. 저를 용서해 주세요. 엔트슐디겐 지: 미히.
emp 엠프	**emp**fehlen 추천하다 엠펠:렌	Sie **emp**fehlen mir das Hotel. 그들이 나에게 그 호텔을 추천한다. 지: 엠펠:렌 미어 다스 호텔.

2 분리 접두어

분리 접두어는 주로 전치사, 부사 등과 같은 독립된 품사로 강세를 가집니다. 분리 접두어는 분리되어 문장 맨 뒤에 위치합니다.

ab 앞	**ab**fahren 출발하다 앞파:렌	Wir fahren gleich **ab**. 우리는 곧 출발합니다. 비:어 파:렌 글라이히 앞.
an 안	**an**rufen 전화하다 안루:펜	Ich rufe dich morgen **an**. 내일 전화할게요. 이히 루:페 디히 모어겐 안.
auf 아우프	**auf**stehen 일어나다 아우프슈테:엔	Wann stehst du morgens **auf**? 너는 아침마다 언제 일어나니? 봔 슈테:스트 두: 모어겐스 아우프?
aus 아우스	**aus**steigen 하차하다 아우스슈타이겐	Anna steigt in Bonn **aus**. 안나는 본에서 하차합니다. 안나 슈타익트 인 본 아우스.

ein 아인	**ein**kaufen 쇼핑하다 아인카우펜	Ich kaufe immer am Wochenende **ein**. 이히 카우페 임머 암 보헨엔데 아인. 난 언제나 주말에 쇼핑을 해.
mit 미트	**mit**kommen 함께 가다 미트코멘	Ich komme nach Berlin **mit**. 나는 베를린에 함께 갈래. 이히 코메 나흐 베얼린: 미트.
nach 나흐	**nach**fragen 문의하다 나흐프라겐	Ich frage noch einmal **nach**. 내가 다시 한번 문의해 볼게. 이히 프라게 노흐 아인말 나흐.
vor 포:어	**vor**haben 계획하다 포:어하벤	Er hat etwas **vor**. 그는 무엇인가 계획이 있어. 에어 하트 에트봐스 포:어.
zu 추	**zu**machen 닫다 추마헨	Peter macht das Fenster **zu**. 페터는 창문을 닫는다. 페:터 마흐트 다스 펜스터 추.
zurück 추뤽	**zurück**kommen 추뤽코멘 돌아오다	Ich komme gleich **zurück**. 나 금방 돌아올게. 이히 코메 글라이히 추뤽.

의문문은 평서문에서 주어와 동사의 위치를 바꾸기만 하면 됩니다.

1 의문사가 없는 경우

평서문	의문문
주어 + 동사 + 기타 어휘	동사 + 주어 + 기타 어휘
Du bist Koreaner. 너는 한국 사람이다. 두: 비스트 코레아:너.	Bist du Koreaner? 너는 한국 사람이니? 비스트 두: 코레아:너?

2 의문사가 있는 경우

독일어의 의문사는 모두 w로 시작하고, 의문사는 의문문의 가장 앞에 위치합니다.

wer 베어	누가	A Wer ist das? 이 사람은 누구입니까? 베:어 이스트 다스? B Das ist mein Onkel. 제 삼촌입니다. 다스 이스트 마인 옹켈.
was 바스	무엇	A Was ist dein Hobby? 너의 취미는 뭐니? 바스 이스트 다인 호비? B Mein Hobby ist Lesen. 내 취미는 독서야. 마인 호비 이스트 레:젠.

wann 반	언제	A	**Wann** fliegst du nach Deutschland? 넌 언제 독일에 가니? 반　　　플릭:스트 두: 나흐　　도이칠란트?
		B	**Ich fliege heute nach Deutschland.** 난 오늘 독일에 가. 이히 플리:게 호이테　　나흐　　도이칠란트.
wo 보:	어디에서	A	**Wo wohnst du?** 넌 어디에 살고 있니? 보:　본:스트　두:?
		B	**Ich wohne jetzt in Berlin.** 난 지금 베를린에 살고 있어. 이히 보:네　　예츠트 인 베얼린:.
wie 비:	어떻게	A	**Wie ist das Wetter morgen?** 내일 날씨는 어떠니? 비:　이스트 다스 베터　　　모어겐?
		B	**Es wird morgen regnen.** 내일은 비가 내릴 거야. 에스 비어트 모어겐　　레그넨.
warum 바룸	왜	A	**Warum schläfst du?** 너는 왜 자고 있니? 바룸　　　슐래프스트　두:?
		B	**Ich bin müde.** 난 피곤해. 이히 빈　뮈:데.

Guten Tag!

동영상 강의

- 인칭 대명사 1격

- sein 동사의 현재 시제

- 규칙 동사의 현재 시제

- 소유 대명사 1격을 사용하여 이름 묻는 표현

Sind Sie Koreanerin?
진트   지: 코레아:너린?
당신은 한국인입니까?

Ja, ich komme aus Korea.
야, 이히 코메   아우스 코레:아.
예, 저는 한국에서 왔습니다.

● 인칭 대명사 1격

독일어 인칭 대명사의 1격은 문장에서 주어로 사용됩니다.

	단수	복수
1인칭	ich 이히 나는	wir 비:어 우리들은
2인칭	du 두: 너는 Sie 지: 당신은	ihr 이:어 너희들은 Sie 지: 당신들은
3인칭	er 에:어 그는 sie 지: 그녀는 es 에스 그것은	sie 지: 그들은

> **주의**
> 3인칭의 단/복수인 sie(그녀/그들)와 2인칭의 존칭인 Sie(당신)는 형태가 동일한데, 존칭의 Sie는 문장 속에서 항상 대문자로 써서 3인칭과 구분합니다.
> 3인칭의 복수 sie와 2인칭의 존칭 Sie는 문법적 형태가 언제나 똑같고 동사 변화에서도 동일한 형태를 취합니다.

> **참고**
> **du와 Sie**
> 서로 친한 사이인지 격식을 차리는 사이인지에 따라 상대를 가리키는 2인칭 대명사가 du와 Sie로 구분됩니다. du는 나이가 아주 어린 사람에게나, 친한 사이 혹은 가족, 젊은 사람들 간에 사용하는 친근한 표현입니다. 이와 달리 존칭 Sie는 나이가 많은 상대방에게, 혹은 처음 만나거나 형식적인 관계에서 사용하는 정중한 표현입니다.

● sein 동사의 현재 시제

'~이다' 혹은 '~이/가 있다'라는 뜻의 sein 동사는 인칭에 따라 아래와 같이 현재 시제가 변화합니다. sein 동사의 뒤에는 이름, 직업, 국적, 외모, 신분, 성격을 나타내는 술어가 옵니다.

ich	**bin** 빈	wir	**sind** 진트
du	**bist** 비스트	ihr	**seid** 자이트
er / sie / es	**ist** 이스트	sie / Sie	**sind** 진트

Ich bin Minho. 나는 민호이다. **이름**
이히 빈   민호.

Du bist Lehrer. 너는 선생님이다. **직업**
두: 비스트 레:러.

Sie sind nett. 그들은 친절하다. **성격**
지: 진트   네트.

Wie heißen Sie?
비: 하이쎈 지:?
당신의 이름은 무엇입니까?

Ich heiße Minho Kim.
이히 하이쎄 민호 킴.
제 이름은 김민호입니다.

● 규칙 동사의 현재 시제

동사 원형은 어말에 전부 -en이 붙습니다. 따라서 동사 변화를 하는 경우 -en을 제외한 어간 부분에 인칭에 따른 어미를 붙여 변화시킵니다.

kommen: 오다

ich	komme 코메	wir	kommen 코멘
du	kommst 콤스트	ihr	kommt 콤트
er / sie / es	kommt 콤트	sie / Sie	kommen 코멘

Ich **komme** aus Korea. 나는 한국 사람이다.
이히 코메 아우스 코레:아.

Wir **kommen** aus den USA. 우리는 미국 사람이다.
비:어 코멘 아우스 덴: 우에스아.

> **참고**
> 국가 이름은 대부분 중성이고 관사 없이 표현합니다. 하지만 중성이 아닌 국가 이름은 반드시 관사와 함께 씁니다. 예를 들어 여성으로 쓰이는 Schweiz(스위스)와 Türkei(튀르키예), 복수로 쓰이는 USA(미국)와 Niederlande(네덜란드) 등은 반드시 관사와 함께 표현합니다.

heißen: 이름이 ～이다

ich	heiße 하이쎄	wir	heißen 하이쎈
du	heißt 하이쓰트	ihr	heißt 하이쓰트
er / sie / es	heißt 하이쓰트	sie / Sie	heißen 하이쎈

Ich **heiße** Bora Kim. 내 이름은 김보라이다.
이히 하이쎄 보라 킴.

Du **heißt** Bora Kim. 네 이름은 김보라이다.
두: 하이쓰트 보라 킴.

> **참고**
> 2인칭 단수 현재 변화에서 동사의 어간에 s나 s와 유사한 자음인 s, ss, ß, z, tz가 오면 중복을 피하기 위해 -st 대신 -t만 붙입니다.
> du heißt (O) du heißst (×)

● 소유 대명사 1격을 사용하여 이름 묻는 표현 p.56 참조

A Wie ist Ihr Name? = Wie heißen Sie? 당신의 이름은 무엇입니까?
  비: 이스트 이:어 나:메? 비: 하이쎈 지:?

B Mein Name ist Juna Kim. 저의 이름은 김윤아입니다.
  마인 나:메 이스트 유나 킴.

  Dein Name ist Bora Kim. 너의 이름은 김보라이다.
  다인 나:메 이스트 보라 킴.

Hallo!

Hallo! Wie heißt du?

Minho	**Hallo!** 할로!
Laura	**Hallo! Wie heißt du?** 할로!　비:　하이쓰트　두:?
Minho	**Ich heiße Minho. Und du?** 이히　하이쎄　민호.　운트　두:?
Laura	**Ich heiße Laura.** 이히　하이쎄　라우라. **Studierst du Informatik?** 슈투디:어스트　두:　인포어마틱?
Minho	**Nein, ich studiere Jura. Und du?** 나인,　이히　슈투디:레　유:라.　운트　두:?
Laura	**Ich studiere auch Jura.** 이히　슈투디:레　아우흐　유:라.

민호	안녕!
라우라	안녕! 네 이름이 뭐니?
민호	내 이름은 민호야. 네 이름은?
라우라	내 이름은 라우라야. 너는 정보학을 전공하니?
민호	아니, 법학을 전공해. 너는?
라우라	나도 법학을 전공해.

대화 TIP

• 긍정의 대답에는 **ja**, 부정의 대답에는 **nein**을 사용합니다.

　A　Bist du Koreaner? 넌 한국인이니?
　B　**Ja**, ich bin Koreaner. 응, 난 한국인이야. (긍정)
　A　Heißt du Sandra? 네 이름이 산드라니?
　B　**Nein**, ich heiße Laura. 아니, 내 이름은 라우라야. (부정)

새 단어 및 표현

Hallo! 안녕!
heißen 동 이름이 ~이다
und 접 그리고
studieren 동 ~을/를 전공하다
Informatik 명 *f.* 정보학
auch 부 역시
Jura 명 법학

Woher kommen Sie?

Ich komme aus Korea.

Jena	**Guten Tag!** 구:텐 탁:!
Professor Bauer	**Guten Tag! Wie heißen Sie?** 구:텐 탁:! 비: 하이쎈 지:?
Jena	**Ich heiße Jena Kim.** 이히 하이쎄 예나 킴.
Professor Bauer	**Frau Kim, woher kommen Sie?** 프라우 킴, 보헤:어 코멘 지:?
Jena	**Ich komme aus Korea.** 이히 코메 아우스 코레:아.
Professor Bauer	**Aha, Sie sind Koreanerin.** 아하, 지: 진트 코레아:너린.

예나	안녕하세요!
바우어 교수	안녕하세요! 이름이 무엇입니까?
예나	제 이름은 김예나입니다.
바우어 교수	예나 씨, 어느 나라에서 왔습니까?
예나	저는 한국에서 왔습니다.
바우어 교수	아하, 한국 사람이군요.

대화 TIP

- **woher**는 '어디에서'라는 의미로, 의문사 **wo**(어디)와 부사 **her**(~부터)가 결합한 형태입니다.

- 직업이나 국적을 나타내는 남성형에 **-in**을 붙이면 여성형을 나타냅니다.

  A　Studiert er? 그는 대학에 다니니?　　A　Studiert sie? 그녀는 대학에 다니니?
  B　Ja, er ist Student.　　　　　　　　B　Ja, sie ist Studentin.
  　　응, 그는 대학생이야.　　　　　　　　　 응, 그녀는 대학생이야.

- 존칭을 사용하는 사이에서 남자는 성 앞에 **Herr**를, 여자는 성 앞에 **Frau**를 붙여서 부릅니다.

  A　Guten Tag, **Frau** Kim! 안녕하세요, 프라우 김!
  B　Guten Tag, **Herr** Schneider! 안녕하세요, 슈나이더 씨!

새 단어 및 표현

Guten Tag! 안녕하세요!
gut 형 좋은
Tag 명 *m.* 날, 일
wie 의 어떻게
Frau 명 *f.* 여자
kommen 동 오다
aus 전 ~에서
Korea 명 한국
Koreanerin 명 *f.* 한국 여자

국가명

아시아

Korea	한국
Japan	일본
China	중국
die Türkei	튀르키예

유럽

Deutschland	독일
die Schweiz	스위스
Frankreich	프랑스
Spanien	스페인
Österreich	오스트리아
England	영국
Italien	이탈리아

아메리카

Amerika (= die USA)	미국
Mexiko	멕시코
Brasilien	브라질
Argentinien	아르헨티나
Peru	페루

오세아니아

Australien	오스트레일리아

아프리카

Ägypten	이집트
Marokko	모로코

국적 남성/여성

Koreaner/in	한국인
Japaner/in	일본인
Chinese / Chinesin	중국인
Türke / Türkin	튀르키예인

Deutscher / Deutsche	독일인
Schweizer/in	스위스인
Franzose / Französin	프랑스인
Spanier/in	스페인인
Österreicher/in	오스트리아인
Engländer/in	영국인
Italiener/in	이탈리아인

Amerikaner/in	미국인
Mexikaner/in	멕시코인
Brasilianer/in	브라질인
Argentinier/in	아르헨티나인
Peruaner/in	페루인

Australier/in	오스트레일리아인

Ägypter/in	이집트인
Marokkaner/in	모로코인

인사 표현

아침

Guten Morgen!
구:텐 모어겐!

Guten Morgen!
구:텐 모어겐!

A 안녕하세요.
B 안녕하세요.

> **참고**
> hallo는 시간에 관계없이 주로 친한 사이에 하는 인사말입니다.

오후

Guten Tag!
구:텐 탁:!

Guten Tag!
구:텐 탁:!

A 안녕하세요.
B 안녕하세요.

> **참고**
> • 오후 인사의 경계는 일반적으로 점심 식사 전인 11시경부터 저녁 식사 전인 6시경까지입니다.
> • 저녁 인사는 Guten Abend! 구:텐 아:벤트!라고 합니다.

헤어질 때

Auf Wiedersehen!
아우프 비:더제:엔!

Auf Wiedersehen!
아우프 비:더제:엔!

A 안녕히 가세요.
B 잘 가요.

> **B의 기타 표현**
> Tschüs! 잘 가!
> 취:스
>
> **참고**
> Auf Wiedersehen은 형식적인 인사인 반면에 Tschüs 취:스는 친근한 사이에 하는 인사입니다.

잠자리 들기 전

Gute Nacht!
구:테 나흐트!

Gute Nacht!
구:테 나흐트!

A 안녕히 주무세요.
B 잘 자.

1 빈칸에 알맞은 인사말을 쓰세요.

(1)

(2)

(3)

(4)

2 빈칸에 알맞은 인칭 대명사를 넣어 문장을 완성하세요.

(1) Wie heißt _____?

(2) _____ komme aus England.

(3) _____ ist Koreaner.

(4) _____ ist Japanerin.

3 괄호 안에 주어진 동사를 이용하여 빈칸에 인칭에 알맞은 동사의 현재 시제를 넣으세요.

(1) Woher _____ Sie? (kommen)

(2) Wir _____ Koreaner. (sein)

(3) Er _____ aus Spanien. (kommen)

(4) Ihr _____ aus Frankreich. (sein)

듣기 ● 녹음을 듣고 어느 나라 사람인지 연결하고 [보기]와 같이 쓰세요.

[보기] Bora •   •

(1) Michel •   • _____
Bora ist Koreanerin.

(2) Herr Schneider •   • _____

(3) Midori •   • _____

(4) Marco und Maria •   • _____

읽기 ● 빈칸에 알맞은 말을 넣어 대화를 완성하세요.

A Hallo! (1) _____ du Thomas?

B (2) _____, ich bin Marco.

A (3) _____ kommst du?

B Ich komme aus Italien. Kommst du aus Korea?

A (4) _____, ich komme aus Korea.

B Aha, du bist (5) _____. Wie (6) _____ du?

A Ich heiße Minho.

독일어로 말해요!
Deutsch sprechen!

여러 단어로 새로운 단어를 만들어 내는 매력, 독일어!

독일어로 복합 명사를 만드는 방법은 매우 간단한데, 단어들을 가져와서 's' 또는 'en'을 사용하여 붙이면 됩니다. 그래서 초급 학습자들도 쉽게 새로운 단어를 만들 수 있습니다.

오른쪽에 있는 단어는 '일반적 구속력 확장 선언'이라는 독일어입니다. 세 단어를 합성하여 새로운 단어를 만든 것입니다.

무려 35자!

Allgemeinverbindlichkeitserklärung

⇩

[Allgemein + Verbindlichkeit + Erklärung]

제2 외국어로도 사랑받는 언어, 독일어!

전 세계에서 독일어를 제2 외국어로 공부하는 국가가 많이 있습니다. 그 중에서 독일어를 가장 많이 배우고 있는 국가는 1위가 폴란드이며, 그 뒤를 이어 체코, 헝가리, 미국, 일본이 있습니다.

또한, 독일어는 유럽 연합(EU) 28개 회원국 내에서 가장 많은 사람들이 사용하며, 동시에 학교에서 외국어로 가장 많이 채택되기도 하는 언어입니다.

국가	독일어 학습자 수 (만 명)
폴란드	170
체코	62
헝가리	60
미국	49
일본	43

한국은…?

전 세계에서 출간되는 책의 약 10%가 독일어로 쓰여집니다.

나라는 달라도 언어는 같다!
독일 이외에 독일어를 모국어로 쓰고 있는 지역

❶ 오스트리아, 리히텐슈타인, 대부분의 스위스 지역 그리고 쥐트티롤(북부 이탈리아)

❷ 소수 민족으로서 독일인들이 거주하고 있는 폴란드 루마니아 및 GUS(러시아독립국가연합: CIS) 일부 지역

❸ 벨기에, 프랑스(알사스), 룩셈부르크의 독일 접경 지역

Was sind Sie von Beruf?

동영상 강의

- **Was sind Sie von Beruf?:**
  당신의 직업은 무엇입니까?

- **Wo wohnen Sie?:** 당신은 어디에 삽니까?

- 3격 지배 전치사 **bei**

Was machen Sie?
바스 마헨 지:?
당신의 직업은 무엇입니까?

Ich bin Arzt.
이히 빈 아:어츠트.
저는 의사입니다.

● Was sind Sie von Beruf?: 당신의 직업은 무엇입니까?

was는 '무엇'이라는 뜻의 의문사입니다. 직업을 물을 때에는 의문사 was와 sein 동사 혹은 machen(~을/를 하다) 동사를 사용하여 표현합니다. 직업 명사 앞에는 관사를 쓰지 않습니다.

sein 동사를 써서 직업 묻기

A **Was bist** du von Beruf? 네 직업은 무엇이니?
　바스 비스트 두: 폰 베루:프?

B **Ich bin** Krankenschwester. 나는 간호사야.
　이히 빈 크랑켄슈베스터.

A **Was sind** Sie von Beruf? 당신의 직업은 무엇입니까?
　바스 진트 지: 폰 베루:프?

B **Ich bin** Lehrer. 저는 선생님입니다.
　이히 빈 레:러.

machen 동사를 써서 직업 묻기

A **Was macht** sie? 그녀의 직업은 무엇입니까?
　바스 마흐트 지:?

B **Sie ist** Hausfrau. 그녀는 전업주부입니다.
　지: 이스트 하우스프라우.

A **Was macht** er? 그의 직업은 무엇입니까?
　바스 마흐트 에:어?

B **Er ist** Arzt. 그는 의사입니다.
　에:어 이스트 아:어츠트.

> **주의**
>
> machen 동사는 '~을/를 하다'라는 뜻이기 때문에, Was machen Sie?는 직업을 묻는 표현으로 쓰이기도 하고, 혹은 아래 예문과 같이 '당신은 지금 무엇을 하십니까?'라는 의미로도 쓰일 수 있으므로, 문맥에 맞게 해석해야 합니다.
>
> A **Was machst** du jetzt? 너는 지금 뭐 하니?
> 　바스 마흐스트 두: 예츠트?
>
> B **Ich schreibe** jetzt eine E-Mail. 나는 지금 이메일을 쓰고 있어.
> 　이히 슈라이베 예츠트 아이네 이:메일.

Wo wohnen Sie?
보: 보:넨 지:?
어디에 살아요?

Ich wohne in Seoul.
이히 보:네 인 서울.
저는 서울에 살아요.

● Wo wohnen Sie?: 당신은 어디에 삽니까?

wo는 '어디'라는 뜻의 의문사로 wohnen(살다) 동사와 함께 쓰여 사는 곳을 묻는 표현으로 쓰입니다. 답을 할 때에는 전치사 in을 사용하여 살고 있는 곳의 장소를 표현합니다.

A Wo wohnen Sie? 어디에 살아요?
　　보: 보:넨　　　　지:?

B Ich wohne in Frankfurt. 저는 프랑크푸르트에 살아요.
　　이히 보:네　　　인 프랑크푸어트.

A Wo wohnt Stefan? 슈테판은 어디에 살아요?
　　보: 본:트　　　슈테판?

B Er wohnt in Berlin. 그는 베를린에 살아요.
　　에:어 본:트　　　인 베얼린:.

● 3격 지배 전치사 bei

독일어의 명사는 격 변화를 하고, 명사 앞에 오는 전치사도 요구하는 명사의 격이 다릅니다. '~의 집에서, ~회사에서', '~의 가까이에, 옆에'라는 뜻의 전치사 bei는 3격 명사와 함께 씁니다.

Ich wohne bei meinem Onkel. 나는 삼촌 집에서 살고 있어. ~의 집에서
이히 보:네　　바이 마이넴　　　옹켈.

Ich arbeite bei BMW. 저는 BMW사에 다니고 있습니다. ~회사에서
이히 아어바이테 바이 베엠베.

Es ist bei dem Hotel Mariott. 매리어트 호텔 가까이에 있습니다. ~의 가까이(옆)에
에스 이스트 바이 뎀　　　호텔　　　마리오트.

> **주의**
> 거주하는 곳에 대한 질문에서 지명으로 답할 때는 전치사 in, 누구의 집에 산다고 할 때는 전치사 bei를 씁니다.

> **참고**
> 위치를 묻는 질문에 대한 답에서 전치사 bei는 '~의 가까이에', '~옆에'라는 의미로 해석됩니다. bei 다음에 지명이 나오면 그 지역의 인근이라는 의미이고, 사람이나 회사명이 나오면 '~의 집에서'나 '~회사에서'라고 해석하면 됩니다.

Was bist du von Beruf?

Ich bin
Angestellter.

Jena	Was bist du von Beruf? 바스 비스트 두: 폰 베루:프?
Jan	Ich bin Angestellter. Und du? 이히 빈 안게슈텔터. 운트 두:?
Jena	Ich bin Studentin. 이히 빈 슈투덴틴.
	Wo arbeitest du denn? 보: 아어바이테스트 두: 덴?
Jan	Ich arbeite bei Siemens. 이히 아어바이테 바이 지:멘스.
	Und was studierst du? 운트 바스 슈투디:어스트 두:?
Jena	Ich studiere Jura. 이히 슈투디:레 유:라.

예나	너는 직업이 뭐니?
얀	나는 회사원이야. 너는?
예나	나는 대학생이야. 너는 도대체 어디서 일하니?
얀	나는 지멘스에서 일해. 너는 무엇을 전공하니?
예나	나는 법학을 전공해.

대화 TIP

- **denn**은 '도대체'라는 의미로 의문문을 강조하기 위해 자주 사용되는 부사입니다.
  Was sagst du **denn**? 너는 도대체 무슨 말을 하는 거야?
  Wann kommt er **denn**? 그는 도대체 언제 오는 거야?

- 동사의 어간이 **d**, **t** 등으로 끝나면 **du**, **er / sie / es**, **ihr**에서 발음을 편하게 하기 위해 **e**를 넣어 줍니다.

ich	arbeite	wir	arbeiten
du	arbeitest	ihr	arbeitet
er / sie / es	arbeitet	sie / Sie	arbeiten

- 직업을 묻는 질문에 대한 답에서 직업 명사 앞에는 관사를 붙이지 않습니다.
  Er ist Journalist. 그는 저널리스트입니다.

새 단어 및 표현

Beruf 명 *m.* 직업
Angestellter 명 *m.* 회사원
Studentin 명 *f.* 대학생
arbeiten 동 ~에서 일하다
Ich arbeite bei ~.
나는 ~에서 근무해.

Wo liegt denn das?

Das liegt bei Frankfurt.

Jena	**Woher kommen Sie?** 보헤:어 코멘 지:?
Reisender	**Ich komme aus der Schweiz.** 이히 코메 아우스 데:어 슈바이츠. **Und woher kommen Sie?** 운트 보헤:어 코멘 지:?
Jena	**Ich komme aus Korea.** 이히 코메 아우스 코레:아. **Aber ich wohne jetzt in Mannheim.** 아:버 이히 보:네 예츠트 인 만하임.
Reisender	**Wo liegt denn das?** 보: 릭:트 덴 다스?
Jena	**Das liegt bei Frankfurt.** 다스 릭:트 바이 프랑크푸어트.

예나	어느 나라에서 왔습니까?
여행객	스위스에서 왔습니다. 당신은 어느 나라에서 왔습니까?
예나	저는 한국에서 왔습니다. 하지만 지금은 만하임에서 살아요.
여행객	만하임이 어디에 있습니까?
예나	프랑크푸르트 인근에 있습니다.

대화 TIP

• 국가명은 대부분 중성이고 관사 없이 사용하지만, 중성이 아닌 국가명은 반드시 관사와 함께 써야 합니다. 전치사 **aus**는 3격 지배 전치사이므로 여성 명사는 3격 정관사 **der**와 복수 명사는 3격 정관사 **den**과 함께 씁니다.

① 중성 국가명: aus + 무관사 + 국가명
   Sie kommt **aus Japan**. 그녀는 일본에서 왔어요.

② 여성 국가명: aus + der + 국가명
   Ich komme **aus der Schweiz**. 나는 스위스에서 왔어요.

③ 복수 국가명: aus + den + 국가명
   Er kommt **aus den Niederlanden**. 그는 네덜란드에서 왔어요.

새 단어 및 표현

aber 젠 그러나
wohnen 통 ~에 살다
jetzt 뷔 지금, 현재
in 젠 ~에
liegen 통 ~에 놓여 있다
das 때 그것 (지시 대명사)

참고
네덜란드는 국가명이 보통 명사처럼 3격 지배 전치사와 함께 쓰이면 국가명에 -n을 붙여 줍니다.

직업명

① **Lehrer/in** 교사

② **Taxifahrer/in** 택시 기사

③ **Arzt / Ärztin** 의사

④ **Ingenieur/in** 엔지니어

⑤ **Flugbegleiter/in** 항공 승무원

⑥ **Kassierer/in** 계산원

⑦ **Musiker/in** 음악가

⑧ **Sänger/in** 가수

⑨ **Bäcker/in** 제빵사

⑩ **Diplomat/in** 외교관

⑪ **Journalist/in** 언론인

⑫ **Bauer / Bäuerin** 농부

⑬ **Schauspieler/in** 배우

⑭ **Polizist/in** 경찰관

⑮ **Sekretär/in** 비서

⑯ **Hausmann / Hausfrau** 전업주부

⑰ **Angestellter / Angestellte** 회사원

⑱ **Krankenschwester** *f.* 간호사

⑲ **Fußballspieler/in** 축구 선수

⑳ **Student/in** 대학생

> **참고**
> • Verkäufer/in은 직접 물건을 파는 판매원을 말합니다.
> • 남성 간호사는 Krankenpfleger 라고 합니다.

반복이나 천천히 말해 줄 것을 부탁할 때

Ich bin
이히 빈
Flugbegleiter.
플룩:베글라이터.

Wie bitte?
비: 비테?

A 저는 항공 승무원입니다.
B 뭐라고요?

B의 기타 표현

Wiederholen Sie das bitte!
비:더홀:렌   지: 다스 비테!
다시 말씀해 주시겠어요!

Noch einmal bitte!
노흐   아인말   비테!
한 번 더 말해 주세요!

▶ bitte 제발 | wiederholen 반복하다 |
noch 아직, 더 | einmal 한 번

Wie ist Ihr Familienname?
비: 이스트 이:어 파밀:리엔나:메?

Etwas langsamer bitte!
에트바스   랑잠어   비테!

A 당신의 성이 무엇입니까?
B 천천히 말씀해 주세요!

참고
langsamer는 langsam(느린)의
비교급 형태입니다.

Buchstabieren Sie das bitte!
부흐슈타비:렌   지: 다스 비테!

p– a– t– h– a– k.
페-아-테-하-아-카.

A 스펠링을 말씀해 주세요!
B p-a-t-h-a-k입니다.

문법 1 다음에서 알맞은 전치사나 의문사를 찾아 빈칸에 넣으세요.

wo   bei   was   von   in   aus

(1) Er arbeitet _____ BMW.

(2) Was ist er _____ Beruf ?

(3) _____ wohnen Sie?

(4) Sie wohnt _____ Berlin.

(5) _____ liegt denn das?

(6) _____ machen Sie von Beruf?

(7) Ich komme _____ der Schweiz.

(8) Du wohnst _____ deinem Onkel.

2 그림을 보고 빈칸에 알맞은 말을 넣으세요.

(1)

A Was ist sie von Beruf?

B Sie ist _____.

(2)

A Was ist er von Beruf?

B Er ist _____.

(3)

A Was ist er von Beruf?

B Er ist _____.

(4)

A Was ist sie von Beruf?

B Sie ist _____.

3 다음에 주어진 직업명의 여성형을 쓰세요.

(1) Hausmann : _____ (2) Arzt : _____

(3) Angestellter : _____ (4) Polizist : _____

(5) Bäcker : _____ (6) Lehrer : _____

듣기 ● 녹음을 듣고 질문에 답하세요.

014

(1) Woher kommt Viktoria?

① 미국 ② 스위스 ③ 영국 ④ 프랑스

(2) Was ist Viktoria von Beruf?

① 의사 ② 선생님 ③ 대학생 ④ 회사원

(3) Wo wohnt Viktoria?

① Hamburg ② Berlin ③ Hannover ④ Hagen

읽기 ● 다음 글을 읽고 빈칸에 알맞은 단어를 넣으세요.

Das ist mein Freund.

Er (1) _____ Peter.

Er ist 35 Jahre alt.

Er (2) _____ in Stuttgart.

Er arbeitet (3) _____ Henkel.

Er ist Ingenieur (4) _____ Beruf.

당신의 이름은 무엇인가요?
Wie heißen Sie?

독일은 이름에서 성별이 구별된다?

독일에서는 사람들이 이름(Vorname)을 지을 때 기본적으로 지켜야 하는 원칙이 있습니다. 남아에게는 남성적인 이름을, 여아에게는 여성적인 이름을 지어 주어 성별을 분명히 인식할 수 있도록 해야 합니다. 만약 중성적인 이름을 원할 경우에는 추가적으로 성별을 구분할 수 있는 이름이 보완되어야 합니다. 이렇게 독일의 이름에는 성별이 분명히 드러납니다. 그래도 독일어를 처음 접하는 사람들에게는 구별이 쉽지 않을 수 있는데, 일반적으로 모음으로 끝나는 이름은 여성이라고 생각하면 됩니다. 예를 들어 미하엘(Michael)은 남성, 미하엘라(Michaela)는 여성입니다. 또 슈테판(Stefan)은 남성, 슈테파니 Stefanie는 여성 이름입니다. 이처럼 유사한 이름이라도 모음으로 끝나는 이름이 여성을 지칭합니다.

	여자 아이 Mädchen	남자 아이 Jungen
1	Emilia	Noah
2	Mia	Matteo
3	Sophia	Elias
4	Emma	Finn
5	Hannah	Leon
6	Lina	Theo
7	Mila	Paul
8	Ella	Emil
9	Leni	Henry
10	Clara	Ben

▲ 2022년 출생아를 기준으로 한, 인기 있는 이름의 순위
Die beliebtesten Vornamen des Jahres 2022

독일에서 이름은 몇 개까지 가능?

독일에서는 일반적으로 한 사람의 이름(Vorname)은 하나에서 세 개 정도로 구성되어 있습니다. 한 예로 차이콥스키의 발레로 잘 알려진 '호두까기 인형'의 원작자는 세계적으로 유명한 독일 작가입니다. 그분의 이름은 '에른스트 테오도르 아마데우스 호프만(Ernst Theodor Amadeus Hoffmann)'입니다. 굉장히 길죠? 이보다 더 긴 이름도 있긴 하지만 법적으로 허용되는 이름의 수는 다섯 개까지입니다.

허용되지 않는 이름?

독일에서는 사람의 이름으로 허용되지 않는 것이 있어서 이름을 지을 때 주의해야 합니다. 놀림을 당할 수 있는 이름, 이를테면 동물의 명칭 내지 사물의 명칭 등은 허용되지 않습니다. 또한 알파벳에 없는 철자를 사용한 이름의 경우, 혹은 특정 종교와 관련된 이름 역시 허용되지 않습니다. 그래서 정해진 기준에서 벗어나는 이름을 원하는 경우, 종종 법정 투쟁으로 이어지기도 합니다. 그러나 최근에는 다양한 문화권의 사람들이 함께 살아가는 만큼 국제화 추세에 맞춰 허용 기준을 완화하자는 여론이 일고 있습니다.

Was ist das?

동영상 강의

- Was ist das?: 이것은 뭐예요?

- nicht를 사용한 부정문

- kein을 사용한 부정문

- ja / nein / doch

Was ist das?
바스 이스트 다스?
그거 뭐야?

Das ist ein Handy.
다스 이스트 아인 핸디.
이건 휴대폰이야.

● Was ist das?: 이것은 뭐예요?

Was ist das?에 대한 대답이 단수이면 'das ist + 단수 명사', 대답이 복수이면 'das sind + 복수 명사'로 표현합니다. 그러나 질문은 항상 단수 형태로 사용합니다.

das ist + 단수 명사

A **Was ist das?** 이게 뭔가요?
　바스　이스트 다스?

B **Das ist ein Teller.** 이것은 접시입니다.
　다스　이스트 아인 텔러.

das sind + 복수 명사

A **Was ist das?** 이게 뭔가요?
　바스　이스트 다스?

B **Das sind Bücher.** 이것은 책들입니다.
　다스　진트　뷔:혀.

> **주의**
> das는 사람과 사물, 단수와 복수 그리고 명사의 성에 관계없이 모든 것을 가리킬 수 있는데, 중성 명사 앞에 사용하는 정관사 das와 구별되는 지시 대명사입니다.

● nicht를 사용한 부정문

형용사, 부사, 전치사구나 문장 전체를 부정할 때는 nicht를 사용합니다. nicht는 보통 부정할 단어 앞에 오지만, 목적어가 있는 경우에는 '목적어 + nicht'의 순서로 씁니다.

nicht + 형용사, 부사, 전치사구

Er ist nicht groß. 그는 키가 크지 않아요. 형용사
에:어 이스트 니히트 그로:쓰.

Ich habe nicht genug Zeit. 시간이 충분하지 않아요. 부사
이히 하베　니히트　게눅　차이트.

Ich komme nicht aus China. 저는 중국 출신이 아닙니다. 전치사구
이히 코메　니히트　아우스 히:나.

> **주의**
> '정관사 + 명사'는 nicht를 사용하여 부정문을 만듭니다.
>
> A **Ist das der Kuli?**
> 　이스트 다스 데:어 쿨:리?
> 　이것이 그 볼펜입니까?
>
> B **Nein, das ist nicht der Kuli.**
> 　나인,　다스 이스트 니히트 데:어 쿨:리.
> 　아니요, 그 볼펜이 아닙니다.

Hast du keinen Kuli?
하스트 두: 카이넨 쿨:리?
너 볼펜 없어?

Doch, ich habe einen Kuli.
도흐, 이히 하베 아이넨 쿨:리.
아니, 볼펜 하나 있어.

● kein을 사용한 부정문

명사를 부정할 때 kein을 사용합니다. 그러나 모든 경우의 명사에 해당되는 것이 아니고 명사 앞에 부정관사가 올 때와 관사가 없는 명사를 부정할 때 kein을 사용합니다. kein은 부정관사 ein과 동일하게 변화합니다.

	남성	여성	중성	복수
1격	kein	keine	kein	keine
4격	keinen	keine	kein	keine

주의
부정관사는 복수 형태가 없으므로 kein은 복수 명사 앞에서 정관사의 형태를 따라 변화합니다.

부정관사 + 명사 (무관사인 복수 명사)

Das ist **keine** Lampe. 이것은 램프가 아닙니다. 단수
다스 이스트 카이네 람페.

Das sind **keine** Schuhe. 이것은 신발이 아닙니다. 복수
다스 진트 카이네 슈:에.

관사가 없는 명사 (추상 명사, 셀 수 없는 물질 명사)

A Hat er Zeit? 그는 시간이 있니?
하트 에:어 차이트?

B Nein, er hat **keine** Zeit. 아니, 그는 시간이 없어.
나인, 에:어 하트 카이네 차이트.

● ja / nein / doch

의문문이 긍정일 경우 '예'는 ja, '아니요'는 nein으로 대답합니다.

A Haben Sie ein Auto? 자동차 있어요?
하:벤 지: 아인 아우토?

B **Ja**, ich habe ein Auto. 예, 있어요.
야, 이히 하:베 아인 아우토.

B **Nein**, ich habe kein Auto. 아니요, 없어요.
나인, 이히 하:베 카인 아우토.

의문문이 부정일 경우, 대답이 질문과 동일하게 부정이면 nein, 질문과 반대로 긍정이면 doch로 대답합니다. 우리말과 다르기 때문에 주의해야 합니다.

A Haben Sie **keinen** Hunger? 배 안 고프세요?
하:벤 지: 카이넨 훙어?

B **Nein**, ich habe keinen Hunger. 예, 배 안 고파요.
나인, 이히 하:베 카이넨 훙어.

B **Doch**, ich habe Hunger. 아니요, 배고파요.
도흐, 이히 하:베 훙어.

Ist der teuer?

Nein, der ist nicht teuer.

Minho	**Was ist das?** 바스　이스트 다스?	민호	이게 뭐예요?
		좀머 부인	이것은 냄비예요.
Frau Sommer	**Das ist ein Topf.** 다스　이스트 아인　토프.	민호	아주 예쁘네요. 비싼가요?
		좀머 부인	아뇨, 비싸지 않아요.
Minho	**Er ist sehr schön. Ist der teuer?** 에:어 이스트 제:어　쇈.　이스트 데:어　토이어?	민호	이런 냄비는 어디서 사나요?
		좀머 부인	백화점에서요.
Frau Sommer	**Nein, der ist nicht teuer.** 나인,　데:어 이스트 니히트　토이어.		
Minho	**Wo kann man so einen Topf kaufen?** 보:　칸　만　조:　아이넨　토프　카우펜?		
Frau Sommer	**In einem Kaufhaus.** 인　아이넴　카우프하우스.		

대화 TIP

• 독일어 명사는 성을 가지므로 앞에서 언급된 명사를 인칭 대명사로 받을 수 있습니다.

　　Das ist **ein Rock**. 이것은 치마야. → **Er** ist kurz. 치마가 짧네. (남성 명사)
　　Das ist **eine Hose**. 이것은 바지야. → **Sie** ist neu. 바지가 새 것이구나. (여성 명사)

• 정관사와 동일한 형태의 지시 대명사가 있습니다. 앞에서 언급된 명사를 받을 때 명사가 주어로 쓰일 때에는 der, die, das, die로, 목적어로 쓰일 때에는 den, die, das, die의 형태로 쓰입니다.

　　Das ist **ein Hut**. 이것은 모자야.
　　→ **Der** ist teuer. 그것은 비싸구나. (주어)
　　→ **Den** finde ich schön. 나는 그게 예쁘다고 생각해. (목적어)

새 단어 및 표현

Topf 명 m. 냄비
sehr 부 몹시, 아주
schön 형 예쁜
teuer 형 비싼
man 대 일반적인 사람 (3인칭 단수)
kaufen 동 ～을/를 사다
Kaufhaus 명 n. 백화점

Hast du keinen Kuli?

Doch, ich habe einen Kuli.

Peter
Ist das ein Kuli?
이스트 다스   아인   쿨:리?

Anna
Nein, das ist kein Kuli. Das ist ein Bleistift.
나인.   다스   이스트 카인   쿨:리.   다스   이스트 아인   블라이슈티프트.

Peter
Hast du keinen Kuli?
하스트   두: 카이넨   쿨:리?

Anna
Doch, ich habe einen Kuli.
도흐.   이히   하:베   아이넨   쿨:리.

Brauchst du einen Kuli?
브라우흐스트   두: 아이넨   쿨:리?

Pete
Ja, ich brauche einen Kuli.
야.   이히   브라우헤   아이넨   쿨:리.

Anna
Hier bitte!
히:어   비테!

페터	이거 볼펜이니?
안나	아니, 그건 볼펜이 아니야. 그건 연필이야.
페터	너 볼펜 하나 없니?
안나	아니, 볼펜 하나 있어. 필요해?
페터	응, 필요해.
안나	여기 있어!

대화 TIP

- haben(가지다) 동사는 불규칙 동사이며 다음과 같이 변화합니다. 단수 2인칭과 3인칭에서 b가 들어가지 않는 것에 주의해야 합니다.

Ich	**habe** einen Bruder. 나는 남자 형제가 한 명 있다.
Du	**hast** ein Auto. 너는 자동차 한 대를 가지고 있다.
Er (sie / es)	**hat** ein Haus. 그는 집이 한 채 있다.
Wir	**haben** einen Plan. 우리는 계획이 하나 있다.
Ihr	**habt** Zeit. 너희들은 시간이 있잖아.
Sie (sie)	**haben** eine Schwester. 당신은 자매가 한 분 있군요.

새 단어 및 표현

Kuli 명 *m.* 볼펜
Bleistift 명 *m.* 연필
doch 동 아니요
brauchen 동 ~을/를 필요로 하다
Hier bitte! 여기 있어!
hier 부 여기
bitte 제발

사물의 명칭

①

②

③

④

⑤

⑥

⑦

⑧

⑨

⑩

⑪

⑫

⑬

⑭

⑮

⑯

⑰

⑱

① **die Brille** 안경
② **das Handy** 휴대폰
③ **die Tasche** 가방
④ **die Uhr** 시계
⑤ **die Lampe** 전등, 램프
⑥ **der Bleistift** 연필

⑦ **das Heft** 공책
⑧ **die Brieftasche** 지갑
⑨ **der Kuli** 볼펜
⑩ **der Computer** 컴퓨터
⑪ **das Buch** 책
⑫ **das Wörterbuch** 사전

⑬ **die Zeitschrift** 잡지
⑭ **die Zeitung** 신문
⑮ **der Taschenrechner** 전자계산기
⑯ **der Stuhl** 의자
⑰ **der Füller** 만년필
⑱ **der Tisch** 책상

질문하기

Darf ich Sie etwas fragen?
다어프 이히 지: 에트바스 프라:겐?

A 뭐 좀 물어봐도 될까요?

▶ fragen 질문하다

Wie heißt das auf Deutsch?
비: 하이쓰트 다스 아우프 도이춰?

Das ist ein Mixer.
다스 이스트 아인 믹서.

A 그것은 독일어로 뭐라고 하나요?
B 이것은 믹서기입니다.

▶ auf Deutsch 독일어로 |
   Mixer *m.* 믹서기

고마움을 표현하고 답하기

A 설명해 줘서 고마워!
B 천만에!

Danke für die Erklärung!
당케 퓌:어 디: 에어클래:룽!

Bitte sehr!
비테 제:어!

B의 기타 표현

Keine Ursache! 천만에!
카이네 우:어자헤!

Gern geschehen! 천만에!
게언 게쉐:엔!

Nichts zu danken! 천만에!
니히츠 추 당켄!

▶ danken 고마워하다 | Ursache *f.* 원인 |
   gern 기꺼이 | geschehen 일어나다 |
   nichts 아무것도 ~ 않다

문법 1 사물의 명칭을 묻는 질문에 보기 와 같이 독일어로 답하세요.

보기

A Was ist das?

B _Das ist ein Buch._

A Was ist das?

(1)

B _____

(2)

B _____

(3)

B _____

(4)

B _____

(5)

B _____

(6)

B _____

2 다음 대화의 답이 긍정 혹은 부정이 되도록 빈칸에 알맞은 말을 쓰세요.

(1) A Haben Sie einen Kuli?

B Nein, _____.

(2) A Hast du keinen Hunger?

B _____, ich habe Hunger.

(3) A Hast du den Computer?

B Nein, _____.

(4) A Haben Sie Kinder?

B Nein, _____.

(5) A   Wohnen Sie in Frankreich?

    B   Nein, _____.

★ Kinder 아이들 (Kind의 복수형)

듣기 ● 녹음을 듣고 해당하는 물건에 적합한 단어를 쓰세요.

019

(1)

_____

(2)

_____

(3)

_____

(4)

_____

읽기 ● 빈칸에 알맞은 단어를 넣어 대화를 완성하세요.

A   Was hast du in deinem Zimmer?

B   Ich habe (1) _____ Bett, (2) _____Tisch und
(3) _____ Stuhl in meinem Zimmer.

A   Was hast du nicht in deinem Zimmer?

B   Ich habe (4) _____ Telefon, (5) _____ Bücher und
(6) _____ Zeitschriften in meinem Zimmer.

A   Hast du keinen Computer in deinem Zimmer?

B   (7) _____, ich habe einen Computer in meinem Zimmer.

독일에서 방 구하기!

독일에서 집(월세)이나 자취방은 어떻게 구할까요? 좋은 집을 구하는 것은 까다롭고 어려운 일입니다.
그렇다면, 독일에서 방을 구할 때 필요한 유용한 정보들에 대해 알아봅시다.

01 지역 정보지 이용하기
독일 대학생들이나 일반 서민들은 대부분 지역 정보지(Wohnungsinserat)를 이용해서 집을 구합니다.

02 교내 게시판 이용하기
학생들의 경우 교내 게시판에 붙은 쪽지를 보고 자취방을 구하는 비율도 높습니다.

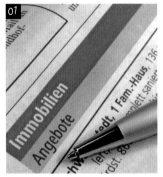

03 계약서 작성하기
독일에서는 집(방)을 구하고 직접 임대차 계약을 합니다. 계약서(Mietvertrag) 양식은 인터넷에서 쉽게 구할 수 있습니다. 계약 내용은 우리나라의 경우보다 훨씬 더 꼼꼼하게 작성되니 유의해서 살펴보아야 합니다.

Tip!
중개인 (Immobilienmakler)을 통해 집을 구하는 경우, 대개 2~3개월 치의 월세를 중개 수수료로 지급하게 됩니다.

04 관련 용어 알아 두기
집(방)을 구할 때 관련 용어를 알면 도움이 됩니다.

3ZKB
방 3개, 부엌, 욕조 있는 욕실로 구성된 집

NK
Nebenkosten의 약자로 난방비 등의 부대 비용

2MM
Monatsmieten의 약자로 두 달치 월세를 보증금으로 내라는 의미

Courtagefrei / Provisionsfrei
중개인을 통하는 경우에도 세입자에게는 중개 수수료를 받지 않겠다는 의미

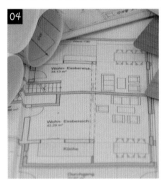

 독일에서는 이사를 나갈 때 집을 깨끗하게 수리하고 나가는 것이 법적 의무입니다. 페인트 칠을 새로 하거나 도배를 하여 원 상태로 복구해 놓아야 합니다.

Das ist mein Freund.

- Wer ist das?: 누구입니까?

- 소유 대명사

- Was ist Ihr Hobby?: 당신의 취미는 무엇입니까?

- gehen + 동사 원형: ~하러 가다

- 동사 원형 + wir: 우리 ~하자

Wer ist das?
베:어 이스트 다스?
누구인가요?

Das sind meine Eltern.
다스 진트 마이네 엘턴.
저의 부모님입니다.

● Wer ist das?: 누구입니까?

wer는 '누구'라는 뜻의 의문사이며, 질문은 항상 단수의 형태로 표현합니다. 대답은 한 사람을 소개할 때는 'das ist + 단수 (이 사람은 ~이다)'로, 여러 사람을 소개할 때는 'das sind + 복수 (이 사람들은 ~이다)'로 나타냅니다.

한 사람을 소개할 때

A **Wer ist das?** 이 사람은 누구입니까?
　베:어　이스트 다스?

B **Das ist** mein Freund. 저의 남자 친구입니다.
　다스　이스트 마인　프로인트.

여러 사람을 소개할 때

A **Wer ist das?** 이 사람들은 누구입니까?
　베:어　이스트 다스?

B **Das sind** meine Freunde. 저의 친구들입니다.
　다스　진트　마이네　프로인데.

● 소유 대명사

소유 대명사는 단수 명사 앞에서는 부정관사처럼 형태가 바뀌고, 복수 명사 앞에서는 정관사처럼 바뀝니다. 3과에서 다룬 kein과 동일한 경우입니다. p.47 참조

	단수	복수
1인칭	mein 마인 나의	unser 운저 우리들의
2인칭	dein 다인 너의	euer 오이어 너희들의
3인칭	sein 자인 그의 / ihr 이:어 그녀의 / sein 자인 그것의	ihr 이:어 그들의 / Ihr 이:어 당신의

1격 Das ist **mein** Vater. 이분은 나의 아버지이다.
　　다스　이스트 마인　파:터.

4격 Meine Mutter liebt **meinen** Vater. 나의 어머니는 나의 아버지를 사랑하신다.
　　마이네　무터　립:트 마이넨　파:터.

Was machst du gern?
바스 마흐스트 두: 게언?
너는 무엇을 즐겨 하니?

Ich lese gern.
이히 레:제 게언.
나는 책 읽기를 좋아해.

● Was ist Ihr Hobby?: 당신의 취미는 무엇입니까?

직업과 마찬가지로 취미도 machen(~을/를 하다, 만들다) 동사를 사용하여 표현할 수 있습니다. 직업을 묻는 표현인 Was machen Sie?의 문장에 '기꺼이, 즐겨'라는 의미의 gern을 붙여서 Was machen Sie gern?이라고 물으면 취미를 묻는 표현이 됩니다.

A Was **macht** sie gern? 그녀는 무엇을 즐겨 하니?
   바스   마흐트   지: 게언?

B Sie kocht gern. 그녀는 요리를 즐겨 해.
   지: 코흐트 게언.

A Was ist Ihr Hobby? 당신의 취미는 무엇입니까?
   바스   이스트 이:어 호비?

B Mein Hobby ist Schwimmen. 제 취미는 수영입니다.
   마인   호비   이스트 슈비멘.

> **참고**
> 동사의 첫 글자를 대문자로 쓰면 명사가 됩니다. 취미를 묻는 질문에 대한 답은 다음과 같이 동사를 '기꺼이, 즐겨'라는 뜻의 부사 gern과 함께 사용하여 표현하거나, 동사를 명사화하여 관사 없이 표현하기도 합니다.
>
> Ich schwimme gern.
> = Mein Hobby ist Schwimmen.

● gehen + 동사 원형: ~하러 가다

gehen(가다) 동사 다음에 다른 동사 원형이 오면 '~을/를 하러 가다'의 의미가 됩니다.

A Wohin gehst du? 너는 어디에 가니?
   보힌   게:스트 두:?

B Ich gehe einkaufen. 나는 쇼핑하러 가.
   이히 게:에   아인카우펜.

A Wohin geht ihr? 너희들은 어디에 가니?
   보힌   게:트 이:어?

B Wir gehen spazieren. 우리는 산책하러 가.
   비:어 게:엔   슈파치:렌.

> **참고**
> wohin은 '~을/를 향하여'라는 의미의 의문 부사로, 의문사 wo(어디)와 부사 hin(~(으)로)의 합성어입니다.

● 동사 원형 + wir: 우리 ~하자

1인칭 복수의 평서문인 'wir + 동사 원형'에서 주어와 동사의 위치를 바꾸어 '동사 원형 + wir'로 쓰면 '우리 ~하자'라는 의미의 청유 표현이 됩니다.

Sehen wir einen Film! 영화 보러 가요!
제:엔   비:어 아이넨   필름!

Spielen wir Tennis! 테니스 치자!
슈필:렌   비:어 테니스!

Wer ist das?

Das sind meine Eltern.

Minho	**Wer ist das?** 베:어 이스트 다스?
Anna	**Das sind meine Eltern, mein Vater und** 다스 진트 마이네 엘턴, 마인 파:터 운트 **meine Mutter.** 마이네 무터.
Minho	**Wohnen sie auch hier in Deutschland?** 보:넨 지: 아우흐 히:어 인 도이칠란트?
Anna	**Nein, sie wohnen in Italien.** 나인, 지: 보:넨 인 이탈:리엔.
Minho	**Hast du noch Geschwister?** 하스트 두: 노흐 게슈비스터?
Anna	**Nein, ich habe keine Geschwister.** 나인, 이히 하:베 카이네 게슈비스터.

민호	이분들은 누구시니?
안나	내 부모님이야. 우리 아버지 와 어머니야.
민호	부모님도 독일에 사시니?
안나	아니, 이탈리아에 사셔.
민호	너는 형제자매도 있니?
안나	아니, 난 형제자매가 없어.

대화 TIP

- **Eltern**과 **Geschwister**는 복수 형태로만 존재하는 단어들입니다. 이 외에도 **die Leute**(사람들), **die Ferien**(방학, 휴가), **die USA**(미국)도 복수 형태로만 사용됩니다.

- **wohnen**과 유사한 표현으로 '~에 살다'의 뜻인 **leben** 동사를 사용하는 표현도 있습니다. 그러나 '거주하다'라는 의미로는 **wohnen** 동사를 사용하여 표현합니다.
  Er lebt in München. 그는 뮌헨에서 살고 있다.

새 단어 및 표현

Eltern 명 *pl.* 부모님
noch 부 아직, 더
Geschwister 명 *pl.* 형제자매

58

Was ist dein Hobby?

Mein Hobby ist
Gitarre spielen.

Peter **Was ist dein Hobby?**
바스 이스트 다인 호비?

Minho **Mein Hobby ist Gitarre spielen.**
마인 호비 이스트 기타레 슈필:렌.

Peter **Was machst du noch gern?**
바스 마흐스트 두: 노흐 게언?

Minho **Ich gehe auch gern schwimmen.**
이히 게:에 아우흐 게언 슈비멘.

Peter **Wirklich? Ich schwimme auch gern.**
비어클리히? 이히 슈비메 아우흐 게언.

Minho **Dann schwimmen wir nächstes**
단 슈비멘 비:어 네히스테스

Mal zusammen.
말 추잠멘.

페터	네 취미가 뭐니?
민호	내 취미는 기타 연주야.
페터	또 무엇을 즐겨 하니?
민호	수영하는 것도 좋아해.
페터	정말? 나도 수영을 좋아해.
민호	그러면 다음에 같이 가자.

새 단어 및 표현

Gitarre 몡 *f.* 기타
spielen 통 연주하다
gern 뷔 즐겨, 기꺼이
schwimmen 통 수영하다
wirklich 뷔 정말로, 실제로
nächst 혱 가장 가까운
(**nah**(가까운)의 최상급)
Mal 몡 *n.* 때, 번

대화 TIP

• 동사가 명사로 쓰인 경우, 이 명사는 동사의 성격도 가지고 있으므로 목적어를 취할 수 있고, 목적어가 올 때에는 대문자가 아닌 소문자로 씁니다.

Mein Hobby ist Musik hören. (O) 내 취미는 음악 감상이야.
Mein Hobby ist Musik Hören. (×)

가족 관계

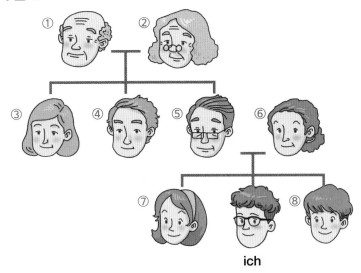

① **Großvater** 할아버지
② **Großmutter** 할머니
③ **Tante** 고모, 이모, 숙모
④ **Onkel** 삼촌, 아저씨
⑤ **Vater** 아버지
⑥ **Mutter** 어머니
⑦ **Schwester** 자매
⑧ **Bruder** 형제

Tochter 딸
Sohn 아들
Cousin / Cousine *m./f.* 사촌
Neffe / Nichte *m./f.* 조카

Schwiegervater 장인, 시아버지
Schwiegermutter 장모, 시어머니
Schwiegersohn 사위
Schwiegertochter 며느리

Mann 남편
Frau 부인, 아내
Enkel / Enkelin 손자/손녀

취미 활동

Musik hören
음악을 듣다

Klavier spielen
피아노를 연주하다

Bücher lesen
책을 읽다

eine Reise machen
여행하다

Tennis spielen
테니스를 치다

schwimmen
수영하다

singen
노래하다

Filme sehen
영화를 보다

참고
Gitarre/Geige spielen 기타를/바이올린을 연주하다
Fußball spielen 축구를 하다

사과하기와 유감 말하기

Entschuldigung!
엔트슐디궁!

Kein Problem!
카인　프로블렘!

A　죄송합니다!
B　괜찮아요!

A의 기타 표현

Verzeihung! 죄송합니다!
페어차이웅!

B의 기타 표현

Schon gut! 괜찮아요!
숀　　구:트!

In Ordnung. 괜찮아요.
인　오어트눙.

Das macht nichts. 괜찮아요.
다스　마흐트　니히츠.

▶ gut 좋은 ┃ Ordnung f. 질서 ┃ nichts 아무것도 ~ 않다

참고
Entschuldigung, Verzeihung은 용서를 구할 때(죄송합니다)와 부탁을 할 때(실례지만) 모두 사용할 수 있는 표현입니다.

Mein Mann ist krank.
마인　만　이스트 크랑크.

Das tut mir leid.
다스　투트　미어　라이트.

A　제 남편이 아파요.
B　참 안됐네요.

Leider kann ich nicht kommen.
라이더　칸　이히　니히트　코멘.

Schade!
샤데!

A　유감스럽게도 전 못 가겠네요.
B　서운하네요! (실망했을 때)

문법 1 보기와 같이 소유 대명사를 사용하여 대화를 완성하세요.

보기
A Wer ist das? (나의 남동생)

B Das __ist mein Bruder__.

(1) A Wer ist das? (우리 부모님)

 B Das _____.

(2) A Wer ist das? (그의 여자 형제)

 B Das _____.

(3) A Wer ist das? (그녀의 아버지)

 B Das _____.

(4) A Wer ist das? (그들의 아이들)

 B Das _____.

2 빈칸에 알맞은 단어를 넣어 대화를 완성하세요.

(1) A Was _____ Sie gern?

 B Ich spiele gern Basketball.

(2) A Was _____ dein Hobby?

 B Mein Hobby ist Volleyball _____.

(3) A Schwimmst du gern?

 B Ja, mein Hobby ist _____.

3 주어진 단어를 우리말 뜻에 맞게 올바른 문장으로 만드세요.

(1) 우리 오늘 수영하러 가자! (wir - heute - gehen - schwimmen)

→ _____

(2) 난 지금 잠자러 가. (jetzt - ich - schlafen - gehen)

→ _____

★ jetzt 지금 | schlafen 잠자다 | heute 오늘

62

● 녹음을 듣고 그림에 맞는 단어를 쓰세요.

(1)

_____

(2)

_____

(3)

_____

(4)

_____

(5)

_____

(6)

_____

읽기 ● 가족 관계도를 보고 빈칸에 알맞은 말을 넣어 글을 완성하세요.

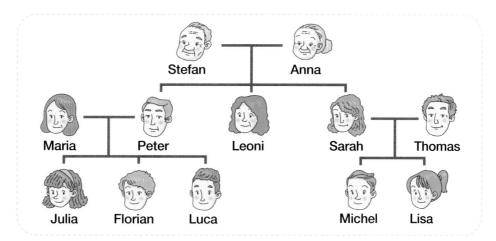

(1) Ich bin Stefan. Meine _____ heißt Anna. Sarah ist meine _____.

Maria ist Meine _____. Peter ist mein _____.

(2) Ich bin Sarah. Mein _____ heißt Michel. Seine _____ heißt Lisa.

Peter ist mein _____. Florian ist mein _____.

세계 제일의 산업 전시회 개최국 독일
Messeland, Deutschland

해마다 150개가 넘는 국제적인 산업 전시회가 독일에서 개최됩니다.
이는 세계 주요 산업 전시회의 2/3에 달하는 수치이니 실로 'Messeland(산업 전시회의 나라), 독일'이라고 하겠습니다.
전 세계에서 매년 천만 명에 이르는 방문객들이 전시회에 참가하기 위해 독일을 방문하는데,
어떤 전시회가 있는지 한번 알아볼까요?

2월

뉘른베르크 국제 완구 전시회
Spielwarenmesse

매년 2월에 뉘른베르크에서 열리는 전시회로 완구 및 관련 산업 분야에서 세계 최대 규모의 전시회입니다. 세계 완구 시장의 흐름을 선도하며 미래 시장을 주도할 트렌드가 탄생하는 최신 정보 교류의 장입니다.

3월

정보통신 전시회
CeBIT

체빗(CeBIT)은 매년 3월에 하노버(Hannover)에서 열립니다. 미국의 컴덱스와 함께 세계 정보 통신 분야를 대표하는 전시회입니다.

9월

프랑크푸르트 국제 모터쇼
IAA (Internationale Automobil-Ausstellung)

IAA는 자동차 기술을 선도하는 독일에 대한 세계의 관심이 집중되는 자동차 전시회입니다. 파리 모터쇼, 제네바 모터쇼, 디트로이트 모터쇼, 도쿄 모터쇼와 함께 세계 5대 모터쇼로 꼽힙니다. 1878년 세계 최초로 베를린에서 개최되었으나 제2차 세계대전 이후 베를린이 동서로 분단되면서 프랑크푸르트로 장소가 옮겨졌습니다. 1991년부터는 승용차와 상용차 분야로 나누어 전시하는데, 홀수 해에는 프랑크푸르트에서 승용차를, 짝수 해에는 하노버에서 상용차를 전시합니다. 디젤 엔진을 장착한 상용차나 전륜 구동 자동차, 딱정벌레 모양의 독일 국민차 폭스바겐 비틀이 이 모터쇼를 통해 데뷔했고, 안전벨트가 처음으로 세계에 소개된 곳 역시 프랑크푸르트 모터쇼였습니다.

10월

프랑크푸르트 국제 도서전
Frankfurter Buchmesse

프랑크푸르트 국제 도서전은 매년 10월 프랑크푸르트에서 열리며 '도서 올림픽'이라고 불립니다. 15세기 초 구텐베르크의 금속활자가 발명된 이후 '부흐메세(Buchmesse)'라는 이름으로 인쇄업자와 작가들이 모여서 시작한 세계에서 가장 오래되고 최대 규모의 도서 전시회입니다.

11월

뒤셀도르프 의료기기 전시회
MEDICA

메디카는 매년 11월 뒤셀도르프에서 개최되는 의료기기 전시회입니다. 독일 의료 기술에 대한 관심은 국제적이므로, 메디카는 다른 독일 전시회에 비해 해외 참관 업체나 참관객의 비중이 높다는 특징이 있습니다.

Wie geht es Ihnen?

동영상 강의

● 인칭 대명사 3격

● Wie geht es Ihnen?: 당신은 어떻게 지내세요?

● 문장의 도치

● 형용사의 어미 변화: 부정관사 + 형용사 + 명사

Wie geht es dir?
비: 게:트 에스 디:어?
어떻게 지내?

Es geht mir gut. Und dir?
에스 게:트 미:어 구:트. 운트 디:어?
잘 지내. 너는?

● 인칭 대명사 3격

	단수	복수
1인칭	mir 미:어 나에게	uns 운스 우리에게
2인칭	dir 디:어 너에게	euch 오이히 너희들에게
3인칭	ihm 임: 그에게 ihr 이:어 그녀에게 ihm 임: 그것에게	ihnen 이:넨 그들에게 Ihnen 이:넨 당신(들)에게

Es geht ihr gut. 그녀는 잘 지내.
에스 게:트 이:어 구:트.

Es geht ihnen gut. 그분들은 잘 계셔.
에스 게:트 이:넨 구:트.

● Wie geht es Ihnen?: 당신은 어떻게 지내세요?

비인칭 주어 **es**와 **gehen**(가다) 동사가 결합한 형태인 **es geht**와 명사의 3격을 사용하면 안부를 묻고 답하는 표현이 됩니다. **wie**는 '어떻게'라는 뜻의 의문사입니다.

Wie geht es + 3격? 어떻게 지내세요?	A **Wie geht es** deinem Freund? 네 남자 친구는 어떻게 지내니? 비: 게:트 에스 다이넴 프로인트?
Es geht + 3격 + 형용사. ~하게 지내요.	B **Es geht** ihm sehr gut. 아주 잘 지내. 에스 게:트 임 제:어 구:트.

주의

안부를 묻고 답하는 표현에서 주어는 언제나 es이므로, Es geht 의 형태는 변하지 않습니다. 단, 이 구문에서 쓰이는 3격은 1격처럼 '~은/는'으로 해석합니다.

Es geht mir gut. 저는 잘 지내요.

66

Ich wünsche Ihnen
이히 뷘쉐 이:넨
einen schönen Tag.
아이넨 쉐:넨 탁:.
좋은 하루 보내세요.

Danke, ebenfalls.
당케. 에벤팔스.
고마워요, 당신도요.

● 문장의 도치

독일어는 문장의 한 성분을 강조하기 위해 그 성분을 평서문의 맨 앞에 위치시키면서 주어와 동사의 위치를 바꾸어 씁니다. 이러한 도치 문장은 독일어에서 빈번히 사용되는 문장 구조입니다.

목적어 강조
Mir geht es auch gut. 나 역시 잘 지내.
미:어 게:트 에스 아우흐 구:트.

부사 강조
Hier bin ich. 여기에 내가 있어.
히:어 빈 이히.

전치사구 강조
Mit dem Bus fahre ich zur Schule. 나는 버스를 타고 학교에 가.
미트 뎀: 부스 파:레 이히 쭈어 슐:레.

● 형용사의 어미 변화: 부정관사 + 형용사 + 명사

독일어의 형용사는 명사를 꾸며 주거나 동사의 보충어로 쓰입니다. 명사를 꾸며 주는 경우, 형용사는 꾸며 주는 명사의 성, 수, 격에 따라서 어미가 변화합니다. 부정관사 다음에 형용사가 올 경우, 1격과 4격 명사를 수식하는 형용사는 정관사 어미 변화를 하고 2격과 3격 명사를 수식하는 형용사는 어미로 -en을 붙여 줍니다.

	남성	여성	중성	복수
1격	ein groß**er** Mann 아인 그로:써 만 키가 큰 한 남자는	eine schöne Frau 아이네 쉐:네 프라우 아름다운 한 여자는	ein kleines Kind 아인 클라이네스 킨트 한 어린아이는	viele Leute 필:레 로이테 많은 사람들은
2격	eines groß**en** Mannes 아이네스 그로:쎈 만네스 키가 큰 한 남자의	einer schön**en** Frau 아이너 쉐:넨 프라우 이름다운 한 여자의	eines klein**en** Kindes 아이네스 클라이넨 킨데스 한 이린아이의	vieler Leute 필:러 로이테 많은 사람들의
3격	einem groß**en** Mann 아이넴 그로:쎈 만 키가 큰 한 남자에게	einer schön**en** Frau 아이너 쉐:넨 프라우 아름다운 한 여자에게	einem klein**en** Kind 아이넴 클라이넨 킨트 한 어린아이에게	vielen Leuten 필:렌 로이텐 많은 사람들에게
4격	einen groß**en** Mann 아이넨 그로:쎈 만 키가 큰 한 남자를	eine schöne Frau 아이네 쉐:네 프라우 아름다운 한 여자를	ein kleines Kind 아인 클라이네스 킨트 한 어린아이를	viele Leute 필:레 로이테 많은 사람들을

Dialog 1

025

Wie geht es dir?

Mir geht es leider nicht so gut.

Minho	**Hallo! Wie geht's dir?**
	할로! 비: 게:츠 디:어?
Jan	**Danke, sehr gut. Und dir?**
	당케, 제:어 구:트. 운트 디:어?
Minho	**Mir geht es leider nicht so gut.**
	미:어 게:트 에스 라이더 니히트 조: 구:트.
Jan	**Warum denn nicht?**
	바:룸 덴 니히트?
Minho	**Ich habe eine schwierige Prüfung.**
	이히 하:베 아이네 슈비:리게 프뤼:풍.
	Vor der Prüfung habe ich immer Angst.
	포:어 데:어 프뤼:풍 하:베 이히 임머 앙스트.
Jan	**Keine Sorge. Du schaffst es schon.**
	카이네 조어게. 두: 샤프스트 에스 숀:.

민호	안녕! 잘 지내니?
얀	응, 난 잘 지내. 넌?
민호	그렇게 잘 지내지는 못해.
얀	도대체 왜?
민호	어려운 시험이 있거든. 난 시험이 항상 두려워.
얀	걱정하지 마. 넌 해낼 거야.

대화 TIP

• 회화체에서는 **Wie geht es?** 대신 축약형인 **Wie geht's?**를 더 많이 사용합니다.

• 정관사 **die**가 형용사 끝에 어미로 붙는 경우, **die**에서 **di**를 빼고 **e**만 형용사 끝에 붙이며, 정관사 **das**는 **d**를 빼고 **as**를 **es**로 바꾸어 붙입니다.
  여성 1격/4격   **eine gute Idee** 하나의 좋은 생각은/생각을 (**die**의 **e**)
  중성 1격/4격   **ein schnelles Auto** 하나의 빠른 자동차는/자동차를 (**das**의 **es**)

새 단어 및 표현

danken 통 고마워하다
leider 부 유감스럽게도
warum 의 왜
schwierig 형 어려운
vor 전 ~앞에서
Prüfung 명 f. 시험
immer 부 항상
Angst 명 f. 두려움
Sorge 명 f. 걱정, 근심
schaffen 통 해내다

68

Mir geht es sehr gut. Und Ihnen?

Auch sehr gut.

Jan	**Guten Tag! Frau Sommer.**
	구:텐 탁:! 프라우 좀머.
Frau Sommer	**Guten Tag! Wie geht es Ihnen?**
	구:텐 탁:! 비: 게:트 에스 이:넨?
Jan	**Danke, mir geht es sehr gut.**
	당케, 미:어 게:트 에스 제:어 구:트.
	Und Ihnen?
	운트 이:넨?
Frau Sommer	**Danke. Auch sehr gut.**
	당케. 아우흐 제:어 구:트.

(…)

Jan	**Ich wünsche Ihnen noch einen**
	이히 뷘쉐 이:넨 노흐 아이넨
	schönen Tag.
	쉐:넨 탁:.
Frau Sommer	**Danke, ebenfalls!**
	당케, 에벤팔스!

얀	안녕하세요!
좀머 부인	안녕하세요. 잘 지내죠?
얀	네, 아주 잘 지내요. 아주머니는요?
좀머 부인	고마워요. 저도 잘 지내고 있어요.
	(…)
얀	좋은 하루 보내시기 바랄게요.
좀머 부인	고마워요, 당신도요!

대화 TIP

• 상황에 따라 안부를 묻는 질문에 다양한 대답을 할 수 있습니다.

① 아주 잘 지낼 때: Es geht mir super / prima / wunderbar / ausgezeichnet / sehr gut.

② 잘 지낼 때: Es geht mir gut.

③ 그럭저럭 지낼 때: Es geht. / Es geht mir so la la.

④ 잘 못 지낼 때: Es geht mir schlecht / nicht so gut.

새 단어 및 표현

wünschen 동 바라다, 희망하다
ebenfalls 부 마찬가지로

감정 형용사

traurig
슬픈

froh
기쁜

glücklich
행복한

unglücklich
불행한

ärgerlich
화가 난

형용사의 반의어

gut 좋은	↔	**schlecht** 나쁜
viel 많은	↔	**wenig** 적은
laut 시끄러운	↔	**leise** 조용한
dünn 얇은, 마른	↔	**dick** 두꺼운, 뚱뚱한
alt 오래된, 낡은	↔	**neu** 새로운
lang 긴	↔	**kurz** 짧은
dunkel 어두운	↔	**hell** 밝은
leicht 가벼운, 쉬운	↔	**schwer** 무거운, 어려운
schön 아름다운, 좋은	↔	**hässlich** 혐오스러운, 싫은
groß 큰	↔	**klein** 작은
teuer 비싼	↔	**billig** 싼
interessant 흥미로운	↔	**langweilig** 지루한
gesund 건강한	↔	**krank** 아픈

유용한 표현

nützliche Ausdrücke 028

기원 표현

Viel Spaß!
필: 슈파:스!

Danke.
당케.

A 즐거운 시간 보내요!
B 고맙습니다.

A의 기타 표현

Schönes Wochenende!
쉬:네스   보헨엔데!
즐거운 주말 보내요!

Schöne Ferien!
쉬:네   페:리엔!
즐거운 방학이 되길!

Schönen Urlaub!
쉬:넨   우어라우프!
즐거운 휴가 보내세요!

Viel Glück!
필: 글뤽!

Danke.
당케.

A 행운을 빌어!
B 고마워!

A의 기타 표현

Toi, toi, toi!
토이, 토이, 토이!

참고

Toi, toi, toi는 질투를 쫓는 주문에서
유래한, 행운을 기원하는 의성어입니다.

Gute Reise!
구:테   라이제!

Danke.
당케.

A 좋은 여행하길 바랄게!
B 고마워.

A의 기타 표현

Gute Fahrt! 조심해서 운전하세요!
구:테   파:트!

Guten Flug! 편안한 비행되세요!
구:텐   플룩:!

연습 **문제**
Übungen

문법 1 빈칸에 주어진 형용사를 알맞은 형태로 넣어 문장을 완성하세요.

(1) Ich habe _____ Freunde. (viel)

(2) Hamburg ist eine _____ Stadt. (schön)

(3) Das ist ein _____ Film. (interessant)

(4) Er hat einen _____ Wagen. (groß)

(5) Korea ist ein _____ Land. (schön)

(6) Ihr seid _____ Schauspieler. (toll)

★ Wagen *m.* 자동차 | Land *n.* 나라 | Schauspieler *m.* 연기자 | Stadt *f.* 도시 | toll 멋진

2 그림에 나타난 감정에 해당하는 형용사를 쓰세요.

(1)   (2)    (3)

_____   _____   _____

3 우리말 해석에 맞게 밑줄 친 낱말을 강조하는 도치문을 만드세요.

(1) 유감스럽게도 그는 잘 지내지 못해. (geht, ihm, <u>leider</u>, es, nicht, gut)

→ _____

(2) 오늘이 너의 생일이다. (hast, <u>heute</u>, du, Geburtstag)

→ _____

(3) 여기 내가 있어. (ich, bin, <u>hier</u>)

→ _____

듣기 ● 녹음을 듣고 그림과 일치하는 내용의 기호를 쓰세요.

029

(1) 　　　(2) 　　　(3)

_____　　　_____　　　_____

읽기 ● 다음 대화문은 안부를 묻고 답하는 내용입니다. 빈칸에 알맞은 단어를 넣어 대화를 완성하세요.

(1) A　Guten Tag, Herr Schneider. Wie geht es _____?

　　B　Danke! Es geht _____ ausgezeichnet.

(2) A　Hallo, Peter. Wie geht es _____?

　　B　Sehr gut. Und _____?

(3) A　Hallo, Anna! Hallo, Tobias! Wie geht es _____?

　　B　_____ geht es sehr gut.

(4) A　Hallo, Maria! Wie geht es Frau Sommer?

　　B　_____ geht es nicht so gut.

(5) A　Guten Morgen, Frau Winter! Wie geht es Florian?

　　B　_____ geht es leider schlecht.

(6) A　Hallo, Bora! Wie geht es deinen Eltern?

　　B　_____ geht es prima.

독일의 교육 제도는 한국과 어떻게 다를까요?
Das Schulsystem in Deutschland

유치원 Kindergarten

유치원은 170여 년 전 독일에서 가장 먼저 시작되었기 때문에 영어에서도 동일한 단어가 사용되고 있습니다. 말 그대로 해석하면 '어린이들의 정원'으로 그야말로 아이들이 함께 어울려 놀 수 있는 공간입니다. 만 3세부터 다닐 수 있으며 의무 교육에 속하지는 않습니다. 주로 교회나 사회 복지 단체, 기업 혹은 대학 등에서 운영하여 비싸지도 않고 시설이 좋습니다.

초등학교 Grundschule

독일의 어린이들은 만 6세에 우리나라 초등학교에 해당하는 그룬트슐레(Grundschule)에 입학하여 4년의 과정을 거칩니다. 그 이후 김나지움(Gymnasium), 레알슐레(Realschule), 하웁트슐레(Hauptschule) 중 하나에 진학합니다. 독일은 초등학교부터 연속해서 학년을 계산합니다

김나지움 Gymnasium

대학 입학을 목표로 하는 인문계 고등학교인 김나지움은 9년 과정으로 대학 입학 때까지의 총 과정이 13년이며, 한국에 비해서 1년이 더 긴 셈입니다. 대학 진학을 하기 위해서는 대입 자격시험인 아비투어(Abitur)를 통과해야 합니다. 그런데 김나지움의 모든 학생이 대학에 가는 것은 아닙니다. 10학년을 마친 후에는 전문 고등학교로 진학할 수 있는 자격이 주어지고 아비투어를 취득한 후에도 직업 교육을 받을 수 있습니다.

레알슐레 Realschule

레알슐레는 김나지움과 하웁트슐레의 중간 정도의 성격을 가진 학교입니다. 6년 과정으로 10학년에 졸업을 하고 난 후, 직업전문학교(Berufsfachschule)나 전문 고등학교(Fachoberschule)로 진학하여 상급 단계의 직업 훈련을 받거나 김나지움의 상급 학년으로 편입할 수도 있습니다.

하웁트슐레 Hauptschule

학생들 중에서 삼분의 일 정도가 하웁트슐레에 진학하며, 이 학교는 우리나라의 상·공업학교에 가깝습니다. 독일은 초등학교부터 연속해서 학년을 계산하는데, 9학년이나 10학년까지 이 학교를 다닙니다. 졸업 후에 직업 교육(Ausbildung)을 받게 되는데, 직업 교육만 받는 것이 아니라, 직업학교(Berufsschule)나 직업 전문학교(Berufsfachschule)에 진학해서 학업과 직업 교육을 병행하게 됩니다.

독일에서는 우리나라의 초등학교 5학년 시기에 이미 대학 진학 여부를 결정합니다. 하지만 이때 모든 것이 결정되는 것은 아니며, 인문계에서 실업계로 혹은 실업계에서 인문계로의 이동이 열려 있는 것을 알 수 있습니다.
독일 직업 교육의 가장 큰 특징은 이원 구조(Duales System)에 있습니다. 직업 학교의 과정은 대개 2~3년인데, 일주일에 하루나 이틀은 학생들이 직업 학교에서 이론을 배우고, 나머지 과정은 회사와 직업 훈련생 근로 계약을 맺어 소액의 월급을 받으며 일선 산업체에서 실무를 직접 배울 수 있습니다. 직업 기술의 연마에만 치중하는 한국의 직업 훈련 기관과는 차이가 있다고 할 수 있습니다.

Wie ist Ihre Telefonnummer?

동영상 강의

- 숫자 0 – 101
- 전화번호 말하기
- 인칭 대명사 4격
- 화법 조동사의 현재 시제

Wie ist Ihre Handynummer?
당신의 휴대폰 번호가 어떻게 됩니까?

Meine Handynummer ist 0171) 66 85 78 44.
제 번호는 0171) 66 85 78 44입니다.

● 숫자 0 – 101

0	null	11	elf	26	sechsundzwanzig
1	eins	12	zwölf	27	siebenundzwanzig
2	zwei	13	dreizehn	30	dreißig
3	drei	14	vierzehn	40	vierzig
4	vier	15	fünfzehn	50	fünfzig
5	fünf	16	sechzehn	60	sechzig
6	sechs	17	siebzehn	70	siebzig
7	sieben	18	achtzehn	80	achtzig
8	acht	19	neunzehn	90	neunzig
9	neun	20	zwanzig	100	(ein)hundert
10	zehn	21	einundzwanzig	101	(ein)hunderteins

13부터는 일의 자릿수를 먼저 읽고 십의 자릿수를 읽는데, 21부터는 일의 자리와 십의 자릿수 사이에 반드시 **und**를 넣어 읽어야 합니다.

87 sieben**und**achtzig

46 sechs**und**vierzig

33 drei**und**dreißig

주의

· **sechs** – **sech**zehn – **sech**zig와 **sieben** – **sieb**zehn – **sieb**zig의 두 경우는 일의 자릿수와 십의 자릿수의 형태가 달라지는 것에 유의해야 합니다.

· **eins**는 다른 수의 앞에 올 때 **s**가 탈락합니다.

· 20부터 -**zig**가 붙지만, 30의 경우만 -**ßig**가 붙는 것에 유의해야 합니다.

● 전화번호 말하기

독일어에서는 전화번호를 물을 때 **Wie ist Ihre Telefonnummer?** 라고 묻습니다. 이에 대한 답으로 전화번호를 말하는 방식에는 두 가지가 있는데, 첫째는 숫자를 하나씩 읽는 방식이고, 둘째는 두 자리씩 끊어 읽는 방식입니다.

069) 7 89 63 12

null sechs neun sieben acht neun sechs drei eins zwei 한 자리씩 읽을 때

null sechs neun sieben neunundachtzig dreiundsechzig zwölf 두 자리씩 끊어 읽을 때

참고

069는 프랑크푸르트 지역 번호이며 독일어로 지역 번호는 **Vorwahl**이라고 합니다. 지역 번호는 하나씩 순서대로 읽습니다. 독일 전화번호는 일반적으로 7자리 내지 8자리이며 7자리인 경우, 한 자리 수를 먼저 읽고 그다음부터 두 자리씩 끊어 읽습니다.

Soll er Sie zurückrufen?
그가 다시 전화를 드려야 할까요?

Ja, bitte.
예, 부탁합니다.

● 인칭 대명사 4격

	단수	복수
1인칭	mich 나를	uns 우리들을
2인칭	dich 너를	euch 너희들을
3인칭	ihn 그를 / sie 그녀를 / es 그것을	sie 그들을 / Sie 당신(들)을

A Kennst du **mich**? 나를 아니?

B Ja, ich kenne **dich**. 응, 너를 알아.

A Besuchen Sie **ihn**? 당신은 그를 방문할 것입니까?

B Ja, ich besuche **ihn**. 예, 저는 그를 방문할 것입니다.

● 화법 조동사의 현재 시제

화법 조동사는 대화의 의미와 표현 방법의 확장을 도와주는 동사입니다. 화법 조동사는 동사 원형과 결합하며, 이때 동사 원형은 반드시 문장의 맨 끝에 위치해야 합니다.

> **주의**
> 화법 조동사의 현재 인칭 변화는 일반 동사와 달리 단수 1인칭과 3인칭의 형태가 동일합니다.

	können ~ 할 수 있다	**müssen** ~ 해야만 한다	**dürfen** ~해도 된다	**mögen** ~을/를 좋아하다	**wollen** ~하려고 하다	**sollen** ~해야 한다
ich	**kann**	**muss**	**darf**	**mag**	**will**	**soll**
du	kannst	musst	darfst	magst	willst	sollst
er / sie / es	**kann**	**muss**	**darf**	**mag**	**will**	**soll**
wir	können	müssen	dürfen	mögen	wollen	sollen
ihr	könnt	müsst	dürft	mögt	wollt	sollt
sie / Sie	können	müssen	dürfen	mögen	wollen	sollen

화법 조동사의 의미

능력, 가능성	Meine Tochter **kann** gut Klavier spielen. 내 딸은 피아노를 잘 칠 수 있다.
의무, 강한 요구	Ich **muss** heute nach Seoul fahren. 나는 오늘 서울에 가야만 해.
허가	Sie **dürfen** hier parken. 당신은 이곳에 주차를 해도 됩니다.
기호	Er **mag** moderne Malerei. 그는 현대 미술을 좋아한다.
의지, 계획	Sie **will** Germanistik studieren. 그녀는 독문학을 전공하려고 한다.
도덕적 의무	Du **sollst** Vater und Mutter ehren. 너는 네 부모님을 공경해야 한다.

Kann ich Frau Maas sprechen?

Sie ist im Moment nicht da.

Minho	Guten Tag! Hier ist Minho Kim. Kann ich Frau Maas sprechen?
Sekeretärin	Es tut mir leid. Sie ist im Moment nicht da. Soll ich ihr etwas ausrichten?
Minho	Ja, das ist nett von Ihnen. Sie möchte mich bitte zurückrufen.
Sekretärin	Wie ist Ihre Telefonnummer?
Minho	Meine Telefonnummer ist 0172) 66 84 29 51.

민호	안녕하세요. 저는 김민호입니다. 마스 부인과 통화할 수 있을까요?
비서	죄송합니다. 지금 그녀는 자리에 없습니다. 메시지를 전해 드릴까요?
민호	네, 친절하시네요. 그럼 마스 부인께 제게 전화를 좀 부탁 드린다고 해 주세요.
비서	전화번호가 어떻게 되나요?
민호	제 전화번호는 0172) 66 84 29 51입니다.

대화 TIP

• **möchte**는 화법 조동사 **mögen**의 정중한 형태로 '~을/를 원하다, ~하고 싶다'의 의미이며 아래와 같이 인칭 변화합니다. 화법 조동사와 마찬가지로 단수 1인칭과 3인칭의 형태가 동일합니다.

ich	möchte	wir	möchten
du	möchtest	ihr	möchtet
er / sie / es	möchte	sie / Sie	möchten

• 화법 조동사와 마찬가지로 **möchte** 다음에는 4격 명사가 오거나 혹은 동사 원형이 옵니다.
Ich möchte **ein Glas Bier**. 저는 맥주 한 잔을 원합니다. (4격 명사)
Ich möchte eine Pizza **bestellen**. 저는 피자를 주문하고 싶습니다. (동사 원형)

새 단어 및 표현

sprechen 통 말하다, 이야기하다
Es tut mir leid. 유감이네요.
tun 통 하다
Moment 명 *m.* 시점, 순간
da sein 통 있다
etwas 대 무엇인가
ausrichten 통 전하다
nett 형 친절한
zurückrufen 통 응답 전화하다

Wie alt ist er?

Er ist 27 Jahre alt.

Peter	Hast du einen Freund?
Laura	Ja.
Peter	Wie alt ist er?
Laura	Er ist 27 Jahre alt.
Peter	Ist er auch Student?
Laura	Nein, er ist Angestellter.
Peter	Wie lange kennst du ihn schon?
Laura	Seit sechs Monaten kenne ich ihn.

페터	남자 친구 있니?
라우라	응.
페터	몇 살인데?
라우라	27살이야.
페터	남자 친구도 역시 학생이니?
라우라	아니, 그는 회사원이야.
페터	사귄 지 얼마나 됐니?
라우라	사귄 지 6개월 됐어.

대화 TIP

- 의문사 wie + 형용사, 부사: 얼마나 ~한　p.86 참조
  Wie oft spielen Sie Federball? 얼마나 자주 배드민턴을 칩니까?
  Wie groß ist er? 그는 키가 얼마나 큽니까?
  Wie teuer ist die Tasche? 그 가방은 얼마입니까?
  Wie viel kostet der Mantel? 그 외투는 얼마입니까?

- **seit**는 3격을 요구하는 전치사입니다. 복수 3격 명사 어미에는 반드시 **-n**을 붙여야 하는 것에 주의해야 합니다.
  Seit drei **Monaten** lerne ich Deutsch.
  3개월 전부터 저는 독일어를 배우고 있어요. (Monate: Monat의 복수)

새 단어 및 표현

Freund 명 m. 남자 친구
alt 형 늙은, 낡은
Jahr 명 n. 해, 년
lange 부 오랫동안
kennen 동 ~을/를 알다
seit sechs Monaten
6개월 전부터
seit 전 ~이래로, 이후로
Monat 명 m. 달, 월

통신 수단

Ladegerät
(휴대폰) 충전기

Anrufbeantworter
자동 응답기

Ohrhörer
이어폰

Faxgerät
팩스

Hörer
수화기

Handy
휴대폰

Akku
배터리

Telefonauskunft
전화번호 안내

통신 관련 표현

eine SMS schicken 문자를 보내다

das Telefon klingelt 전화벨이 울리다

die Durchwahlnummer 내선 번호

die Nummer wählen 번호를 누르다

das Handy aufladen 휴대폰을 충전하다

die Telefongebühr 전화 요금

전화 통화 표현

A 안나와 통화할 수 있나요?
B 전데요.

▶ **Apparat** *m.* 전화기, 기구

A 빈터 부인과 통화할 수 있을까요?
B 끊지 말고 기다리세요.

B의 기타 표현

Einen Moment. Ich verbinde Sie. 잠시만요. 연결해 드릴게요.

A 가비랑 통화할 수 있을까요?
B 잘못 거셨습니다.

문법 1 우리말 해석에 맞게 빈칸에 알맞은 화법 조동사를 넣으세요.

(1) Man _____ hier nicht parken. (dürfen) 여기에 주차를 해서는 안 된다.

(2) Peter und Sandra _____ klassische Musik. (mögen)
페터와 산드라는 클래식 음악을 좋아한다.

(3) Was _____ du später werden? (wollen) 넌 나중에 무엇이 되려고 하니?

(4) Ihr _____ heute die Hausaufgaben machen. (müssen)
너희들은 오늘 숙제를 해야만 한다.

★ parken 주차하다 | werden ~이/가 되다 | später 나중에

2 다음 전화번호를 보기와 같이 독일어로 쓰세요

A Wie ist Ihre Telefonnummer?

보기

069) 78 43 21 89

B Meine Telefonnummer ist null sechs neun achtundsiebzig dreiundvierzig einundzwanzig neunundachtzig .

(1)

030) 37 24 56 81

B Meine Telefonnummer ist _____ _____ _____.

(2)

0171) 34 26 37 95

B Meine Handynummer ist _____ _____ _____.

3 빈칸에 알맞은 인칭 대명사를 넣어 대화를 완성하세요.

(1) A Liebst du Peter?
B Ja, ich liebe _____.

(2) A Hast du die Bücher?
B Ja, ich habe _____.

(3) A Mag Sandra die Lehrerin?
B Nein, sie mag _____ nicht.

(4) A Wann besucht ihr uns?
B Wir besuchen _____ morgen.

듣기 ● 녹음을 듣고 질문에 답하세요.

034

(1) Wie ist die Handynummer?

① 0172) 34 25 68 77　　② 0171) 43 52 86 77

③ 0172) 34 56 76 87　　④ 0173) 35 24 68 77

(2) 대화 내용과 맞지 <u>않는</u> 것은 무엇입니까?

① 카트야는 결혼을 했습니다.

② 카트야의 아이들은 그다지 어리지 않습니다.

③ 카트야는 함부르크에 살고 있지만, 베를린 출신입니다.

④ 카트야의 직업은 엔지니어지만, 현재는 가정주부입니다.

읽기 ● 다음 대화를 읽고 밑줄 친 부분을 알맞게 고치세요.

A　Guten Tag, hier spricht Bora Kim.

　　Kann ich bitte Frau Müller sprechen?

B　Tut mir leid. Sie ist im Moment nicht im Büro.

　　Soll ich (1) <u>ihm</u> etwas ausrichten?

　　➡ _____

A　(2) <u>Könnt</u> Sie ihr sagen, sie soll (3) <u>mir</u> zurückrufen?

　　➡ _____　　➡ _____

B　(4) <u>Was</u> ist Ihre Telefonnummer?

　　➡ _____

A　Meine Telefonnummer ist 0172) 46 71 29 50

B　Ich wiederhole. Null eins sieben zwei sechsundvierzig

　　(5) <u>einsundsiebenzig</u> neunundzwanzig fünfzig.

　　➡ _____

독일 혼탕 문화의 기원 FKK

남녀가 함께 사우나를?

독일에서는 남녀가 함께 사우나를 즐깁니다. 특정 요일과 시간대에 남녀를 구별하여 입장시키기도 하지만, 대부분은 남녀 구별을 하지 않습니다. 앉은 자리에 땀이 묻지 않도록 큰 수건을 깔고 앉아야 합니다. 몸에 수건을 두르고 앉아 있는 사람은 필시 외국 관광객일 겁니다.

독일에서는 대부분 사우나 수칙(Saunaregel)에 따라 사우나를 즐깁니다. 최소 2시간 정도 사우나를 하는데, 먼저 족욕으로 몸을 따뜻하게 한 후, 10~15분 정도 사우나를 합니다. 그 후 야외에서 맑은 공기를 마시고, 샤워를 한 후 휴식을 취합니다. 이 과정을 서너 번 반복합니다.

FKK(Freikörperliche kultur), 즉 나체 문화는 자연 속에서 나체로 지내면서 일상생활에서도 술, 담배, 마약 등으로부터 자유로운 건강한 삶을 살자는 것이 모토입니다.

FKK 운동의 배경에는 벌거벗은 몸을 부끄러워해야 할 이유가 전혀 없다는 사고방식이 자리 잡고 있습니다. 18세기까지도 일부 중부 유럽에서는 남녀가 함께 강과 호수에서 나체로 멱을 감는 문화가 이미 존재했었습니다. 1960년대 이후부터는 68운동과 더불어 시민 사회의 자유주의 물결의 상징으로 나체 운동이 붐을 이루게 됩니다.

독일에서는 1898년에 처음으로 에센(Essen)에 FKK 클럽이 만들어졌고, 1920년에 독일 최북단의 섬인 질트(Sylt)에 처음으로 FKK 해변이 공식적으로 지정되었습니다. 지정된 장소 이외에는 FKK가 금지되는 것은 말할 것도 없습니다.

◀ 남녀노소가 벌거벗은 채 자연 속에서 자유롭게 여가를 즐기고 있습니다.

Wie spät ist es?

동영상 강의

- wie + 형용사, 부사: 얼마나 ~한
- Wie spät ist es?: 몇 시입니까?
- 분리 동사
- um + 시간: ~시에

Wie spät ist es?
몇 시예요?

Es ist halb acht.
7시 반이에요.

● wie + 형용사, 부사: 얼마나 ~한

의문사 wie(어떻게)와 형용사나 부사가 결합하면 '얼마나 ~한'이란 의미가 됩니다.

A **Wie oft** üben Sie? 얼마나 자주 연습하나요?

B Jeden Tag. 매일 합니다.

A **Wie groß** bist du? 키가 얼마나 크니?

B 1,70 Meter. 1미터 70센티미터야.

● Wie spät ist es?: 몇 시입니까?

시간을 묻는 표현은 형용사 spät(늦은)과 의문사 wie, 그리고 비인칭 주어 es를 사용하여 Wie spät ist es? 혹은 형용사 viel(많은)과 Uhr(시간)를 사용하여 Wie viel Uhr ist es?라고 씁니다. 대답은 '(es ist) + 시간' 으로 표현합니다. 시간을 표현하는 방법에는 공식적인 시간(기차 출발 도착 시간이나 방송)과 일상적인 시간의 두 가지 표현 방법이 있습니다.

공식적인 시간 표현

24시간으로 표현합니다. '몇 시 몇 분'을 숫자 그대로 읽어 주면 됩니다.

14:15 vierzehn Uhr fünfzehn (Minuten)   20:30 zwanzig Uhr dreißig

일상적인 시간 표현

12시간으로 표현합니다.

14:05	(Es ist) fünf nach zwei.	14:35	(Es ist) fünf nach halb drei.
14:15	(Es ist) Viertel nach zwei.	14:40	(Es ist) zehn nach halb drei.
14:20	(Es ist) zehn vor halb drei.	14:45	(Es ist) Viertel vor drei.
14:25	(Es ist) fünf vor halb drei.	14:50	(Es ist) zehn vor drei.
14:30	(Es ist) halb drei.	15:00	(Es ist) drei (Uhr).

주의

• 8시 30분은 9시를 향하여 30분을 진행했다는 의미로 halb neun이라고 표현합니다. 일상적인 표현에서 30분을 나타낼 때는 언제나 시간의 수가 하나 더 많음에 주의합니다.
   halb drei 2시 반, **halb vier** 3시 반, **halb fünf** 4시 반

• 20분과 40분 사이의 시간을 표현할 때는 halb를 기준으로 전, 후를 따집니다. 즉, 25분 은 halb를 기준으로 5분 전이고, 35분은 halb를 기준으로 5분이 지난 시간입니다.
   fünf vor halb drei 2시 25분, **fünf nach halb drei** 2시 35분

Wann kommt der Zug an?
기차가 몇 시에 도착하지?

Um zehn nach neun.
9시 10분에.

● 분리 동사

독일어의 동사 중에는 기본 동사에 다양한 접두어(전철이라고도 함, 주로 전치사가 쓰임.)가 붙어 새로운 의미의 동사가 되는데, 이를 분리 동사라고 합니다.

kommen 오다	ankommen 도착하다	mitkommen 함께 오다	zurückkommen 돌아오다
machen 하다	aufmachen 열다	zumachen 닫다	ausmachen (전원을)끄다
geben 주다	abgeben 제출하다	aufgeben 포기하다	zugeben 인정하다
steigen 오르다	einsteigen 탑승하다	aussteigen 하차하다	umsteigen 환승하다
sehen 보다	nachsehen 확인하다	wiedersehen 다시 보다	ansehen 응시하다

분리 접두어의 위치

분리 접두어는 현재 시제 동사에서 분리되어 문장의 맨 끝에 위치합니다.

A Wann **kommt** Jan **zurück**? 얀은 언제 돌아와요?

B Er **kommt** morgen **zurück**. 내일 돌아와요.

A Wann **kommen** wir in Berlin **an**? 우리는 베를린에 언제 도착해요?

B **Um** Viertel nach elf. 11시 15분에요.

● um + 시간: ~시에

A Wann **fährt** der Zug **ab**? 그 기차는 언제 출발합니까?

B **Um** halb sieben **fährt** er **ab**. 6시 반에 출발합니다.

A **Um** wie viel Uhr gehst du zur Uni? 몇 시에 너는 대학교에 가니?

B **Um** 9 Uhr gehe ich zur Uni. 저는 9시에 대학교에 가요.

Wie viel Uhr ist es jetzt?

Es ist Viertel vor sieben.

Minho	Wie viel Uhr ist es jetzt?
Frau Sommer	Es ist Viertel vor sieben.
Minho	Mein Gott! Schon so spät? Ich muss zum Englischkurs.
Frau Sommer	Wann beginnt der Kurs?
Minho	Um halb acht.
Frau Sommer	Da haben Sie noch Zeit.

민호	지금 몇 시죠?
좀머 부인	7시 15분 전이네요.
민호	아이고! 벌써 그렇게 됐어요? 영어 수업에 가야 하거든요.
좀머 부인	강의가 언제 시작하는데요?
민호	7시 반이요.
좀머 부인	그럼 아직 시간은 있네요.

대화 TIP

- **Uhr**는 '시간'이라는 뜻과 함께 '시계'라는 뜻도 있습니다. '시계'라는 뜻으로 사용할 때에는 **Uhr**가 여성 명사이므로 부정관사 **eine**를 써야 합니다.

  A Wie viel Uhr ist es? 몇 시입니까?

  B Es ist **ein** Uhr. 1시입니다.

  A Was ist das? 이것은 무엇입니까?

  B Das ist **eine** Uhr. 그것은 시계입니다.

- **Wie viel Uhr**에서 **viel**은 명사 앞에 위치하는 형용사이므로 어미 변화를 해야 하지만, 형용사 **viel**(많은)과 **wenig**(적은)은 추상 명사나 셀 수 없는 물질 명사 앞에서는 어미 변화를 하지 않습니다.

  Du hast **viel** Zeit. 너는 시간이 많다.

  Er hat **wenig** Geld. 그는 돈이 적다.

새 단어 및 표현

jetzt 🔈 지금

Viertel 📖 n. 4분의 1, 15분

vor 🔈 전에

Mein Gott! 아이고!, 어머나!

Gott 📖 m. 신

so 🔈 그렇게

spät 📖 늦은

Englischkurs 📖 m. 영어 강좌

beginnen 📖 시작하다

88

Wann stehst du auf?

Um 7 Uhr.

7:00

Peter   Wann stehst du auf?

Anna   Ich stehe normalerweise um 7 Uhr auf.
Aber am Wochenende schlafe ich länger.

Peter   Was machst du am Wochenende?

Anna   Am Vormittag räume ich die Wohnung auf,
am Nachmittag rufe ich meine Freunde an
und treffe sie. Und du?

Peter   Ich bleibe meistens zu Hause.

페터	보통 언제 일어나?
안나	보통 7시에 일어나. 하지만 주말에는 더 오래 자.
페터	주말에는 뭐 해?
안나	오전에는 집을 청소하고, 오후 에는 친구들에게 전화해서 만나. 너는?
페터	난 주로 집에 있어.

대화 TIP

- **전치사와 정관사의 축약형**

전치사 중에는 정관사와 결합하여 축약될 수 있는 것들이 있습니다. 예를 들어 **am**은 전치사 **an**과 정관사 **dem**이 결합하여 축약된 형태입니다. 이 외에도 전치사와 정관사의 축약형의 예를 들어 보면 다음과 같습니다.

in + dem = im   bei + dem = beim   an + das = ans
von + dem = vom   zu + dem = zum   in + das = ins

- **an + 3격: 하루 중의 때, 요일**

전치사 **an**이 시간 표현에 사용될 때에는 3격 명사가 옵니다.

Ich gehe **am Morgen** ins Schwimmbad. 나는 아침에 수영장에 간다.
Hast du **am Samstag** etwas vor? 토요일에 무슨 계획이 있니?

새 단어 및 표현

aufstehen 동 아침에 일어나다
normalerweise 부 보통
länger 형 더 긴 (lang의 비교급)
Wochenende 명 n. 주말
schlafen 동 잠자다
an 전 3·4격 지배 전치사
Vormittag 명 m. 오전
aufräumen 동 정돈하다
Nachmittag 명 m. 오후
anrufen 동 전화를 하다
zu Hause 전 + 명 집에

하루의 시간 표현

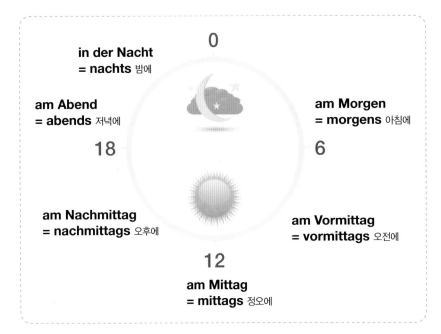

in der Nacht
= nachts 밤에

am Abend
= abends 저녁에

18

am Nachmittag
= nachmittags 오후에

0

6

am Morgen
= morgens 아침에

am Vormittag
= vormittags 오전에

12

am Mittag
= mittags 정오에

주의

- Morgen은 '아침'이라는 명사로 쓰이면 반드시 대문자로 써야 합니다. 소문자로 쓰게 되면 '내일'이라는 시간 부사가 되는 것에 유의해야 합니다.
- 시간대를 표현하는 명사는 대부분 남성 명사이며, 여성 명사인 Nacht는 전치사 in과 결합하는 것에 유의해야 합니다. 이때 in도 3격 명사를 취합니다.

생활 속 분리 동사

einkaufen
장 보다, 쇼핑하다
(ein + kaufen)

fernsehen
텔레비전을 보다
(fern + sehen)

einladen
초대하다
(ein + laden)

abholen
데리러(가지러) 가다
(ab + holen)

einsteigen
탑승하다
(ein + steigen)

aussteigen
하차하다
(aus + steigen)

aufmachen
열다
(auf + machen)

zumachen
닫다
(zu + machen)

시간 관련 표현

Da kommt sie!

Entschuldigen Sie die Verspätung.

A 저기 그녀가 오네요!
B 늦어서 죄송합니다.

Wie lange dauert das?

Etwa zwei Stunden.

A 얼마나 걸려요?
B 약 2시간 정도.

Wie lange lernen Sie schon Deutsch?

Erst drei Tage.

A 독일어를 배운 지 얼마나 됐어요?
B 이제 겨우 3일 됐어요.

B의 기타 표현

Schon drei Jahre. 벌써 3년 됐어요.

문법 1 시계를 보고 일상적으로 쓰는 시간 표현을 쓰세요.

(1)

_____

(2)

_____

(3) 14 : 25

_____

(4)

_____

(5)

_____

(6) 15 : 35

_____

2 빈칸에 적합한 전치사를 넣으세요.

(1) _____ 19 Uhr kommt der Zug.

(2) Was machst du _____ Vormittag?

(3) Es ist _____ der Nacht sehr kalt.

(4) _____ wie viel Uhr gehst du ins Bett?

★ kalt 추운 ｜ ins Bett gehen 잠자러 가다

3 주어진 단어를 사용하여 독일어로 작문하세요.

(1) 우베는 창문을 연다. (aufmachen / Uwe / das Fenster)

➡ _____

(2) 오늘 페터는 그의 방을 정돈한다. (Peter / aufräumen / heute / sein Zimmer)

➡ _____

(3) 나는 저녁에 TV를 본다. (Am Abend / fernsehen / ich)

➡ _____

● **녹음을 듣고 질문에 답하세요.**

039

(1) 독일어 수업은 몇 시에 시작합니까?

① 19:30   ② 14:15   ③ 16:15   ④ 19:15

(2) 안나는 몇 시간 동안 독일어 수업을 듣습니까?

① 2시간   ② 2시간 반   ③ 3시간   ④ 3시간 반

(3) 독일어 수업을 마치고 나서 안나는 무엇을 합니까?

① 도서관에 간다.   ② 친구들과 극장에 간다.

③ 집에 가서 저녁 식사 준비를 한다.   ④ 백화점에 쇼핑하러 간다.

(4) 컴퓨터 강좌는 몇 시에 시작합니까?

① 6시 반   ② 7시 반   ③ 8시 반   ④ 9시 반

● **니콜의 일과입니다. 일과표를 보고 내용이 일치하도록 빈칸에 알맞은 단어를 넣으세요.**

einkaufen   abholen   aufräumen   aufstehen   vorbereiten   fernsehen

Niocole의 일과

7:00 기상

9:00~10:00 집 청소하기

12:00 유치원에서 아이 데려오기

15:00 쇼핑하기

17:00 저녁 식사 준비하기

19:00~20:00 컴퓨터 강좌

21:00~22:00 TV 보기

23:00 취침

Ich _____ um 7 Uhr _____.

Von 9 bis 10 Uhr _____ ich die

Wohnung auf. Um 12 Uhr _____

ich meinen Sohn vom Kindergarten

_____.

Um 3 Uhr nachmittags _____ ich in

einem Supermarkt _____. Um 5 Uhr

_____ ich dann das Abendessen

_____. Von 7 bis 8 Uhr besuche ich

einen Computerkurs. Und von 9 bis 10 Uhr

_____ ich mit meiner Familie

_____. Um 11 Uhr gehe ich ins Bett.

★ vorbereiten 준비하다 | Kindergarten *m.* 유치원 | besuchen 방문하다 | Abendessen *n.* 저녁 식사

Prost! 독일 맥주 이야기

'맥주' 하면 많은 사람들이 독일을 떠올립니다. 독일에는 맥주를 만드는 양조장이 1,250여 개나 있고, 맥주 상표의 수는 무려 5,000가지나 된다고 합니다. 맥주 양조장의 약 50%는 독일 남쪽의 바이에른 주에 있다고 하는데, 유명한 독일의 맥주 축제인 옥토버페스트 (Oktoberfest)가 바이에른 주의 주도인 뮌헨에서 열리고 있는 것도 우연이 아니군요.

그러면 독일 내에서는 어떤 상표의 맥주가 가장 인기가 있을까요? 2020년 통계를 보면, 독일에서는 Krombacher, Oettinger, Bitburger, Veltins, Beck's, Paulaner의 순으로 많이 팔린다고 합니다.

독일의 베스트셀링 10대 맥주 브랜드

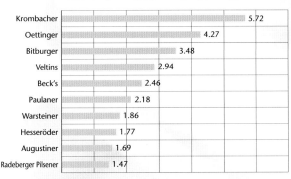

브랜드	2020년 결과(100만 헥토리터)
Krombacher	5.72
Oettinger	4.27
Bitburger	3.48
Veltins	2.94
Beck's	2.46
Paulaner	2.18
Warsteiner	1.86
Hesseröder	1.77
Augustiner	1.69
Radeberger Pilsener	1.47

독일의 맥주가 이토록 사랑받는 이유는, 독일 맥주는 '라인하이츠게보트(Reinheitsgebot)'라는 원칙 아래 만들어지기 때문입니다. 무려 500년 전인 1516년에 바이에른 주는 맥주를 만들 때 오직 보리, 호프와 물 세 가지만 사용해야 한다는 법령을 만들었습니다. 이때부터 독일의 맥주는 라인하이츠게보트(순수 양조법)라는 대원칙 아래 엄격한 양조 과정을 거치고 있지요.

즉, 독일에서는 맥주를 만들 때 화학 성분의 향료나 첨가물을 사용할 수 없고, 오로지 보리(맥아), 호프, 효모 그리고 물, 이 4가지 재료만 사용합니다. 이 중 효모는 순수 양조법 안에는 명시되어 있지 않은데 이는 당시에는 효모에 대한 효능이 알려지지 않았기 때문이라고 합니다.

이처럼 독일 맥주는 맛도 맛이지만, 더불어 재료에 대한 믿음이 더해지니 독일 사람뿐만 아니라 전 세계적으로 사랑받는 것이라고 할 수 있습니다.

Isst du gern Fisch?

동영상 강의

- 불규칙 동사의 현재 시제

- 형용사의 비교급과 최상급

- 형용사의 비교급과 최상급의 용법

Isst du gern Pizza?
피자 즐겨 먹니?

Ja, ich mag Pizza.
응, 나는 피자 좋아해.

● 불규칙 동사의 현재 시제

단수 2인칭(du)과 3인칭(er / sie / es)에서 어간의 모음 변화
어간의 모음 a는 ä로 바뀌고, 어간 모음 e는 장음이면 ie로, 단음이면 i로 변하게 됩니다.

	a → ä			e → ie		e → i (모음 + 자음 2개 이상)	
	fahren 차를 타고 가다	schlafen 자다	waschen 씻다	lesen 읽다 (모음 + 자음 1개)	sehen 보다 (모음 + h)	essen 먹다	helfen 돕다
ich	fahre	schlafe	wasche	lese	sehe	esse	helfe
du	fährst	schläfst	wäschst	liest	siehst	isst	hilfst
er / sie / es	fährt	schläft	wäscht	liest	sieht	isst	hilft
wir	fahren	schlafen	waschen	lesen	sehen	essen	helfen
ihr	fahrt	schlaft	wascht	lest	seht	esst	helft
sie / Sie	fahren	schlafen	waschen	lesen	sehen	essen	helfen

그 외 불규칙 동사의 모음 변화
동사의 어간에 a나 e가 있다고 모두 변하는 것이 아니고, 동사의 과거/과거 분사 형태가 불규칙인 경우에 어간의 모음이 변화합니다. 따라서 완료 시제를 배우기 전까지는 변화하는 동사 중심으로 기억하는 것이 좋습니다. 그중, 불규칙 동사 nehmen(취하다, 가지다)은 단수 2, 3인칭 모음이 변할 뿐만 아니라, 자음도 함께 변하므로 주의해야 합니다.

ich	nehme	wir	nehmen
du	nimmst	ihr	nehmt
er / sie / es	nimmt	sie / Sie	nehmen

주의
machen 동사는 규칙 동사이므로 동사 어간의 모음이 변화하지 않습니다.
A Was **machst** du? 너 뭐 하니?
B Ich **mache** die Hausaufgaben. 나는 숙제를 해.

Isst du gern Fleisch?
고기 좋아하니?

**Ich esse lieber
Fisch als Fleisch.**
나는 고기보다 생선을 더 좋아해.

● 형용사의 비교급과 최상급

원급	비교급	최상급	
	원급 + er	원급 + (e)st	am + 원급 + sten
① 기본 변화 schnell 빠른 billig 싼	schneller billiger	schnellst billigst	am schnellsten am billigsten
② d, t, sch, ß, z로 끝나는 형용사 breit 넓은 heiß 더운, 뜨거운	breiter heißer	breitest heißest	am breitesten am heißesten
③ 1음절에 a, o, u가 있는 형용사 lang 긴 jung 젊은	länger jünger	längst jüngst	am längsten am jüngsten

불규칙 변화하는 형용사

원급	nah 가까운	hoch 높은	viel 많은	gut 좋은	groß 큰	wenig 적은	gern (부사) 즐겨
비교급	näher	höher	mehr	besser	größer	minder	lieber
최상급	nächst	höchst	meist	best	größt	mindest	
	am nächsten	am höchsten	am meisten	am besten	am größten	am mindesten	am liebsten

> **주의**
> gern은 부사이므로 최상급이
> am liebsten의 형태만 있습니다.

● 형용사의 비교급과 최상급의 용법

① 비교급 + als (~보다 더 ~한)

Er ist **kleiner als** mein Freund. 그는 내 남자 친구보다 키가 작다.

> **참고**
> 형용사의 비교급이나 최상급이 명사를
> 수식하면 어미 변화를 합니다.

② 최상급의 두 가지 형태

Bern ist die schönste Stadt in der Schweiz. 베른은 스위스에서 가장 아름다운 도시다. 명사 수식

Er läuft **am schnellsten**. 그가 가장 빨리 달린다. 동사 수식

Peter	Isst du gern Fleisch?
Jena	Nein, ich mag kein Fleisch. Ich esse lieber Fisch. Am liebsten rohen Fisch.
Peter	In Deutschland isst man leider keinen rohen Fisch.
Jena	Ja, stimmt. Ich nehme heute eine Fischplatte mit Kartoffeln. Und was nimmst du?
Peter	Ich nehme ein Rindersteak mit Pommes frites. Fleisch schmeckt mir besser als Fisch.

페터	고기 좋아하니?
예나	아니, 난 고기를 안 좋아해. 생선을 더 즐겨 먹지. 생선회를 가장 즐겨 먹어.
페터	독일에서는 사람들이 회를 먹지 않는 게 유감이네.
예나	그러게. 난 오늘 감자를 곁들인 생선 요리를 먹을까 해. 넌 뭐 먹을 건데?
페터	난 감자튀김을 곁들인 소고기 스테이크를 먹을 거야. 난 생선보다 고기가 더 좋아.

새 단어 및 표현

Fleisch 〔명〕 n. 고기
roh 〔형〕 날것의
Fisch 〔명〕 m. 생선
man 〔대〕 (3인칭 단수) 일반적인 사람
stimmen 〔동〕 맞다, 일치하다
Platte 〔명〕 f. 접시
Kartoffel 〔명〕 f. 감자
nehmen 〔동〕 취하다, 가지다
Rind 〔명〕 n. 소고기
Pommes frites 〔명〕 pl. 감자튀김
([폼 프리트]로 발음)
schmecken 〔동〕 맛있다

대화 TIP

• 동사는 목적어로 주로 4격을 취하지만 **schmecken** 동사처럼 3격을 목적어로 요구하는 동사들도 있습니다.

Wir möchten bitte
bezahlen.

Zusammen oder
getrennt?

Jena	Wir möchten bitte bezahlen.
Bedienung	Zusammen oder getrennt?
Jena	Getrennt bitte.
Bedienung	Und was bezahlen Sie?
Jena	Ich bezahle das Steak und den Wein.
Bedienung	Das macht 14 Euro 20.
Jena	15 Euro. Stimmt so.
Bedienung	Danke schön! Und Sie?

예나	계산하겠습니다.
웨이터	함께 계산하시나요? 아니면 각자 계산하시나요?
예나	각자 할게요.
웨이터	무엇을 계산하시겠습니까?
예나	저는 스테이크와 와인을 계산할게요.
웨이터	14유로 20센트입니다.
예나	15유로입니다. 거스름돈은 필요 없습니다.
웨이터	고맙습니다! 다음 분은요?

참고

독일에서는 '상대방을 초대한다'는 의미의 einladen 동사를 사용하여 Ich lade Sie(dich) ein.이라고 말하지 않았다면 각자 자기가 먹은 것을 따로 계산하는 것이 원칙입니다. 식사 전에 음료수를 주문하는 것이 일반적이며 계산은 식사를 마친 후, 웨이터를 불러서 테이블에서 하는 것이 우리와 다른 문화입니다.

대화 TIP

· Wir möchten bitte bezahlen. 대신에 Die Rechnung, bitte!(계산서 주세요!) 라고 표현할 수도 있습니다.

· 동사 stimmt는 원래 '맞다'라는 뜻으로, 레스토랑에서는 '거스름돈까지 합쳐서 음식값에 맞아 떨어진다, 즉 거스름돈을 줄 필요가 없다'는 의미로 웨이터에게 팁(Trinkgeld)을 줄 때 자주 사용하는 표현입니다.

· oder는 '또는'이란 의미로 단어와 단어, 구와 구 혹은 문장과 문장을 연결하는 등위 접속사입니다.
Trinken Sie Tee oder Kaffee? 차 또는 커피 마실래요?
Kommst du mit oder bleibst du noch? 함께 갈래, 아님 더 있을래?

새 단어 및 표현

möchten 동 ~을/를 하고 싶다
bezahlen 동 지불하다
zusammen 부 함께
getrennt 부 각각, 따로
Steak 명 n. 스테이크
Wein 명 m. 포도주
Das macht ~. (금액이) ~입니다.
machen 동 만들다, 하다
Stimmt so. 거스름돈 필요 없습니다.

음식 이름

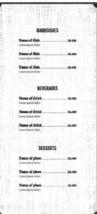

Speisekarte
f. 메뉴

Schnitzel
n. 돈가스

Wurst
f. 소시지

Hähnchen
n. 치킨

Schweinebraten
m. 돼지고기 구이

Suppe
f. 수프

Kuchen
m. 케이크

Schinken
m. 얇게 썬 햄

Salat
m. 샐러드

Fisch
m. 생선

Käse
m. 치즈

Kartoffel
f. 감자

Brot
n. 빵

Pommes frites
pl. 감자튀김

Spaghetti
pl. 스파게티

Pizza
f. 피자

레스토랑과 관련된 표현

Ich möchte einen
Tisch für heute
Abend reservieren.

Für wie viele
Personen?

A 오늘 저녁을 위해 테이블 하나를
예약하고 싶습니다.

B 몇 분이십니까?

Was möchten
Sie?

Ich möchte gern
ein Schnitzel.

A 무엇을 드시겠습니까?

B 돈가스 하나 주세요.

A의 기타 표현

Was bekommen Sie?
무엇을 드시겠습니까?

Was hätten Sie gern?
무엇을 드시겠습니까?

B의 기타 표현

Ich hätte gern das Menü 1.
1번 메뉴 주세요.

Ich nehme einen Kuchen.
케이크 하나 주세요.

Was isst du gern?

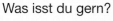

Mein
Lieblingsessen
ist Hähnchen.

A 무엇을 즐겨 먹니?

B 내가 좋아하는 음식은 치킨이야.

문법

1 괄호 안에 주어진 불규칙 동사의 현재 시제를 인칭에 맞게 변화하여 빈칸에 넣으세요.

(1) Am Wochenende _____ er länger. (schlafen)

(2) Um 7 Uhr _____ der Deutschkurs an. (anfangen)

(3) Du _____ gern Bücher. (lesen)

(4) Ich esse gern Pizza. Was _____ du gern? (essen)

2 다음 형용사를 알맞은 형태의 비교급으로 바꿔 문장을 완성하세요.

gut   lang   alt   groß

(1) Peter: 17 Jahre – Maria: 20 Jahre   Maria ist _____ _____ Peter.

(2) Elbe: 1.165km – Mosel: 545km   Die Elbe ist _____ _____ die Mosel.

(3) Fleisch: sehr gut – Fisch: gut   Fleisch schmeckt _____ _____ Fisch.

(4) Thomas: 1,70m – Julia 1,60m   Thomas ist _____ _____ Julia.

3 보기 처럼 주어진 단어를 사용하여 최상급의 문장 형태로 만드세요.

보기
토마스는 가장 빨리 달린다. (Thomas, laufen, schnell)

→ _Thomas läuft am schnellsten._

(1) 안나가 가장 크다. (Anna, groß, sein)

→ _____

(2) 그 책상이 가장 싸다. (billig, Tisch, sein)

→ _____

(3) 마리온이 가장 열심히 일한다. (Marion, arbeiten, fleißig)

→ _____

듣기 ● 녹음을 듣고 질문에 답하세요.

(1) 대화 상황은 어떤 상황입니까?

　　① 레스토랑에서 주문을 하는 상황

　　② 레스토랑에서 계산하고 돈을 지불하는 상황

　　③ 레스토랑에서 음식에 대해 불만을 표하는 상황

　　④ 레스토랑에서 주문 전에 메뉴를 보며 의논하는 상황

(2) 손님이 주문한 음식은 무엇입니까?

①　　　　　　②

③　　　　　　④

읽기 ● 다음 대화는 레스토랑에서의 상황입니다. 대화를 잘 읽고 빈칸에 알맞은 단어를 넣으세요.

A　Wir möchten bezahlen.

B　Ja, ich komme sofort.

　　Bitte sehr! (1) _____ oder getrennt?

A　Getrennt bitte.

B　Und was bezahlen Sie?

A　Den Schweinebraten und das Bier.

B　Das (2) _____ 13,90.

A　15 Euro. (3) _____ so.

B　Vielen Dank!

그림 형제(Brüder Grimm)와 메르헨 가도(Märchenstraße)

　개구리 왕자, 라푼첼, 신데렐라, 백설 공주, 브레멘 음악대 등은 우리에게 너무도 친숙한 동화입니다. 한 살 차이로 마치 쌍둥이처럼 성장하고 평생 함께 학문의 길을 걸었던 독일의 야콥 그림(Jakob Grimm)과 빌헬름 그림(Wilhelm Grimm) 형제가 인류에게 남긴 소중한 문화유산이지요. 그림 형제가 살았던 시대는 이웃 나라 프랑스에서 나폴레옹이 독일을 침공하여 독일 민족에게 그 어느 때보다 민족 의식의 고취가 요구되던 시기였는데, 그림 동화는 그림 형제가 어린이들을 위해 탄생시킨 단순한 동화집이 아니라, 독일의 민족정신을 찾고자 만든 위대한 문학 작품이자 19세기의 시대적인 산물로 볼 수 있죠. 그림 형제는 동화뿐 아니라, 〈독일어 사전〉, 〈독일어 문법〉 등의 저술을 통해 독일 언어의 발전에도 기념비적인 업적을 남겼습니다.

　1812년에 발간된 그림 형제의 〈어린이와 가정을 위한 동화(Kinder-und Hausmärchen)〉는 2005년에 유네스코 세계유산에 등재되었고, 성서 다음으로 가장 많이 읽히고 사랑받는 세계적인 베스트셀러입니다.

▶브레멘 음악대 동상

함부르크

브레멘
브레멘 음악대

하노버

하멜른
피리 부는 사나이

◀피리 부는 사나이 동상

폴레
신데렐라

한뮌덴

알스펠트
빨간모자

프랑크푸르트

하나우

◀그림 형제 동상

세계적으로 유명한 동화 작가인 그림 형제가 태어난 하나우(Hanau)에서 시작해 동화 〈브레멘 음악대〉로 널리 알려진 브레멘(Bremen)에 이르는 약 600km의 메르헨 가도는 그림 형제가 살았던 곳과 동화에 등장하는 지역들을 두루 연결한 여행 가도입니다.

Der Wievielte ist heute?

동영상 강의

- 서수

- 날짜를 묻는 표현

- 명사와 인칭 대명사의 어순

- 이유를 나타내는 등위 접속사 denn

Der Wievielte ist heute?
오늘 며칠이니?

Heute ist der vierte Oktober.
10월 4일이야.

● 서수

서수 표기는 숫자에 점을 찍어 나타내고, 서수는 기수에 **-t**나 **-st**를 붙여 만듭니다. 서수는 형용사로, 수식하는 명사의 성과 수에 맞게 어미 변화합니다.

1~19: 기수 + -t				20 이후: 기수 + -st	
1.	erst	6.	sechst	20.	zwanzigst
2.	zweit	7.	siebt	21.	einundzwanzigst
3.	dritt	8.	acht	......	....
4.	viert	9.	neunt	30.	dreißigst
5.	fünft	10.	zehnt	36.	sechsundreißigst

주의
서수의 예외적인 형태
1. einst (×) → erst (○)
3. dreit (×) → dritt (○)
7. siebent (×) → siebt (○)
8. achtt (×) → acht (○)

● 날짜를 묻는 표현

날짜는 서수로 묻고 답합니다. sein 동사를 사용하여 Der Wievielte ist~? 1격으로 물어보거나, haben 동사를 사용하여 Den Wievielten haben wir~? 4격으로 나타내는 두 가지의 표현 방식이 있습니다.

① 1격 표현 (sein 동사)

A **Der Wievielte ist heute?** 오늘 며칠인가요?

B **Heute ist der erste April.** 오늘은 4월 1일입니다.

② 4격 표현 (haben 동사)

A **Den Wievielten haben wir heute?** 오늘 며칠인가요?

B **Heute haben wir den ersten April.** 오늘은 4월 1일입니다.

Was schenken wir ihm denn?
그에게 뭘 선물할까?

Schenken wir ihm ein Buch.
책을 한 권 선물하자.

● 명사와 인칭 대명사의 어순

3격(~에게) 목적어와 4격(~을/를) 목적어를 함께 필요로 하는 동사들이 있습니다. 이러한 동사의 예로는 schenken(~에게 ~을/를 선물하다), zeigen(~에게 ~을/를 보여 주다), erzählen(~에게 ~을/를 이야기하다), geben(~에게 ~을/를 주다)이 있습니다. 두 개의 목적어의 위치는 다음과 같이 정해진 순서에 따라 표현해야 합니다.

① 목적어가 모두 명사인 경우: 3격 + 4격

Er schenkt <u>seinem Sohn</u> <u>ein Fahrrad</u>. 그는 아들에게 자전거를 선물한다.
　　　　　　　　3격　　　　　　4격

② 목적어가 모두 인칭 대명사인 경우: 4격 + 3격

Er schenkt <u>es(ein Fahrrad)</u> <u>ihm(seinem Sohn)</u>. 그는 그것을 그에게 선물한다.
　　　　　　　　4격　　　　　　　　3격

③ 목적어에 명사와 인칭 대명사가 함께 쓰이는 경우: 인칭 대명사 + 명사

Er schenkt <u>ihm</u> <u>ein Fahrrad</u>. 그는 그에게 자전거를 선물한다.
　　　　　인칭 대명사　　명사

Er schenkt <u>es</u> <u>seinem Sohn</u>. 그는 아들에게 그것을 선물한다.
　　　　　인칭 대명사　　명사

● 이유를 나타내는 등위 접속사 denn

denn이 평서문에 사용되면 '왜냐하면 ~이기 때문이다'라는 이유를 나타내는 등위 접속사가 됩니다. 등위 접속사 denn 다음의 문장 구조는 '주어 + 동사 + 기타'입니다.

A Was kaufen wir Tobias? 토비아스에게 뭘 사 줄까요?

B Wir kaufen ihm ein Buch, **denn** er liest gern. 독서를 좋아하니까 책을 한 권 사 주기로 해요.
　　　　　　　　　　　　　　　주어　동사　기타

Hast du am nächsten Freitag etwas vor?

Der Wievielte ist denn das?

Peter	Hast du am nächsten Freitag etwas vor?
Anna	Der Wievielte ist denn das?
Peter	Das ist der vierte Oktober, mein Geburtstag. Ich gebe eine Party und möchte dich gern einladen.
Anna	Danke, das ist nett von dir. Ich komme gern. Wann fängt die Party an?
Peter	Um sechs Uhr.

페터	다음 주 금요일에 계획 있니?
안나	그날이 며칠이지?
페터	10월 4일이야. 그리고 내 생일이야. 파티를 하려는데, 너를 초대하고 싶어.
안나	고마워. 참 친절하구나. 기꺼이 갈게. 파티는 몇 시에 시작해?
페터	6시에 (시작해).

대화 TIP

· **Das ist nett von dir.**는 감사의 말과 함께 추가적으로 할 수 있는 표현으로, 존칭 표현은 **Das ist nett von Ihnen.**(당신은 친절하시군요.)로 쓰면 됩니다.

· '정관사 + 형용사 + 명사' 구조에서 형용사의 어미 변화

단수 1격과 4격: 형용사 + e (남성 4격 제외)

단수 2격과 3격, 복수: 형용사 + en

	단수			복수
	남성	여성	중성	
1격	der schöne Tag	die tolle Tasche	das gute Buch	die kleinen Kinder
2격	des schönen Tages	der tollen Tasche	des guten Buches	der kleinen Kinder
3격	dem schönen Tag	der tollen Tasche	dem guten Buch	den kleinen Kindern
4격	den schönen Tag	die tolle Tasche	das gute Buch	die kleinen Kinder

새 단어 및 표현

Freitag 명 m. 금요일
vorhaben 동 계획하다
wievielt 형 몇 번째의
Oktober 명 m. 10월
Geburtstag 명 m. 생일
geben 동 주다
Party 명 f. 파티
einladen 동 초대하다
nett 형 친절한

Was bringen wir
ihr denn mit?

Schenken wir ihr
ein Kochbuch.

Laura	Am vierten Oktober ist die Party bei Gabi.
Jan	Stimmt. Sie feiert ihren 22. Geburtstag.
Laura	Was bringen wir ihr denn mit?
Jan	Kaufen wir ihr eine Halskette? Sie trägt gern Schmuck.
Laura	Das ist aber zu teuer.
Jan	Dann schenken wir ihr ein Kochbuch, denn sie kocht gern.
Laura	Das ist eine gute Idee.

라우라	10월 4일에 가비의 생일 파티가 있잖아.
얀	맞아. 22번째 생일을 기념하는 파티지.
라우라	선물로 무엇을 가져갈까?
얀	목걸이를 하나 사 줄까? 액세서리 잘 하잖아.
라우라	하지만 그건 너무 비싸.
얀	그럼 요리책 한 권을 사 주자. 그녀는 요리를 즐겨 하니까.
라우라	그거 좋은 생각이야.

대화 TIP

- **zu + 형용사**: 너무 ~한

  Das Kleid ist **zu groß**. 그 원피스는 너무 커요.
  Unser Lehrer ist **zu streng**. 우리 선생님은 너무 엄격하시다.

- **aber**는 '그러나'라는 역접의 뜻을 가지는 등위 접속사로, 서로 반대되는 의미의 문장 성분이나 문장을 연결합니다. **aber**가 쓰이는 절의 맨 처음이나 중간에 위치할 수 있습니다.

  Er kommt heute, **aber** er kann nicht lange bleiben.
  = Er kommt heute, er kann **aber** nicht lange bleiben.
  그는 오늘 오지만, 오래 머물 수는 없어요.

새 단어 및 표현

feiern 동 파티하다, 기념하다
mitbringen 동 가지고 가다
Halskette 명 f. 목걸이
tragen 동 (몸에) 지니다
Schmuck 명 m. 보석, 장신구
teuer 형 비싼
schenken 동 선물하다
kochen 동 요리하다
Idee 명 f. 생각, 아이디어

날씨 관련 단어

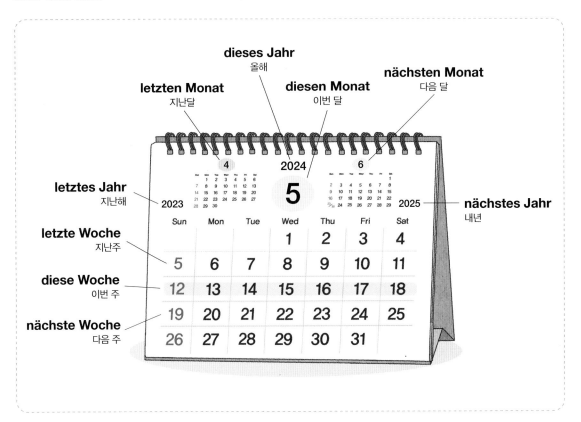

• **die Woche** 주

der Montag 월요일	der Donnerstag 목요일	der Sonntag 일요일
der Dienstag 화요일	der Freitag 금요일	das Wochenende 주말
der Mittwoch 수요일	der Samstag 토요일	

• **der Monat** 월

der Januar 1월	der Mai 5월	der September 9월
der Februar 2월	der Juni 6월	der Oktober 10월
der März 3월	der Juli 7월	der November 11월
der April 4월	der August 8월	der Dezember 12월

참고

vorgestern 그저께 gestern 어제
heute 오늘 morgen 내일 übermorgen 모레

모임에서 쓰는 유용한 표현

Herzlichen
Glückwunsch zum
Geburtstag!

Vielen Dank!

A   생일을 진심으로 축하합니다!

B   고맙습니다!

A의 기타 표현

Alles Gute zum Geburtstag.
생일 축하합니다.

▶ herzlich 진심으로 ┆ Glückwunsch
m. 축하 ┆ zum Geburtstag 생일을
맞이하여

Guten Appetit!

Danke, ebenfalls!

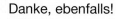

A   맛있게 드세요!

B   고마워요, 당신도요!

▶ Appetit *m.* 식욕 ┆ ebenfalls
마찬가지로, 동일하게

Prost!

Zum Wohl!

A   건배!

B   건배!

문법

1   보기 처럼 날짜를 묻는 질문에 답하세요.

> 보기   A   Der Wievielte ist heute? (8월 13일)
>
>   B   Heute _ist der dreizehnte August_ .
>
>   A   Den Wievielten haben wir heute? (2월 3일)
>
>   B   Heute _haben wir den dritten Februar_ .

(1)   A   Der Wievielte ist heute? (3월 3일)

      B   Heute _____.

(2)   A   Den Wievielten haben wir heute? (12월 7일)

      B   Heute _____.

(3)   A   Der Wievielte ist heute? (6월 1일)

      B   Heute _____.

(4)   A   Den Wievielten haben wir heute? (10월 8일)

      B   Heute _____.

(5)   A   Der Wievielte ist heute? (5월 21일)

      B   Heute _____.

2   다음 문장에서 어순이 틀린 부분을 찾아 보기 와 같이 고치세요.

> 보기   Du schenkst deiner Tochter es. → _Du schenkst es deiner Tochter._

(1) Sandra will ihm sie kaufen.

    ⇒ _____

(2) Wir wollen den Ball deinen Kindern geben.

    ⇒ _____

(3) Bringst du das Paket ihnen?

    ⇒ _____

듣기 ● 녹음을 듣고 질문에 답하세요.

049

   (1) 올가의 생일은 며칠입니까?

      ① 6월 16일   ② 7월 16일   ③ 6월 17일   ④ 7월 17일

   (2) 올가는 어떤 선물을 받게 됩니까?

      ① 책   ② 꽃   ③ 연극 티켓   ④ 포도주

   (3) 올가의 생일은 무슨 요일입니까?

      ① 목요일   ② 토요일   ③ 금요일   ④ 일요일

 읽기 ● 다음은 타냐가 친구 가비를 생일에 초대하기 위해 쓴 글입니다. 초대장을 잘 읽고 질문에 답하세요.

> Liebe Gabi,
>
> Ich werde zwanzig. Das möchte ich mit dir und meinen anderen
> Freunden feiern.
> Die Party ist am Samstag, 3. 5. um 19.00 Uhr.
> Ich lade dich herzlich ein. Hast du Zeit?
> Bitte antworte mir bis Mittwoch oder ruf mich an.
>
> schöne Grüße
> Tanja

   (1) Wann hat Tanja Geburtstag?

      ① Am dritt Mai hat sie Geburtstag.
      ② Am fünft März hat sie Geburtstag.
      ③ Am dritten Mai hat sie Geburtstag.
      ④ Am fünften März hat sie Geburtstag.

   (2) Wie alt ist Gabi jetzt?

      ① Sie ist 18 Jahre alt.   ② Sie ist 19 Jahre alt.
      ③ Sie ist 20 Jahre alt.   ④ Sie ist 21 Jahre alt.

상수시, 프리드리히 2세 그리고 감자

독일의 요리에 대해 이것을 빼고는 얘기할 수 없는 것이 있죠. 바로 감자입니다.
독일인들의 감자에 대한 사랑은 남다르고 그 소비량도 엄청납니다.
그럼 독일인들은 언제부터 감자를 주식으로 즐겨 먹었을까요?

감자가 놓여 있어요.

베를린에서 자동차를 타고 남서쪽으로 약 25km쯤 가면 포츠담 (Potsdam)이라는 도시가 나옵니다. 이곳은 제2차 세계대전 후 영국, 미국, 중국의 지도자가 모여 일본의 항복에 관한 조건 등 종전 처리를 위해 포츠담 선언을 한 곳으로 널리 알려져 있죠. 이 곳에 '프로이센의 베르사이유 궁전'이라고 불리는 아름다운 상수시 궁이 있습니다. 나폴레옹과 함께 역사적으로 위대한 지도자로 꼽히는 독일 프로이센 왕국의 프리드리히 2세가 고이 잠들어 있는 궁전이죠. 상수시 궁전에 있는 그의 조그마한 묘석 위에는 방문객들이 놓고 간 감자가 항상 놓여 있습니다. 프리드리히 2세와 감자는 어떤 연관성이 있을까요?

예술과 문학을 사랑한 계몽 군주 프리드리히 대왕은 주변 강국에 맞서 탁월한 외교 전략과 전쟁을 통해 프로이센을 유럽 최강의 군사 대국으로 만든 특출한 군사 전략가이기도 합니다. 오스트리아와의 7년 전쟁을 승리로 이끌어 독일 통일의 기틀을 마련한 프리드리히 대왕은 즉위 후 개혁 정책을 펴고 빈민을 구제하기 위한 노력도 아끼지 않았습니다. 상수시 궁전은 프리드리히 2세(프리드리히 대왕(Friedrich der Grosse))가 그의 여름 별궁으로 지은 것인데, 상수시(Sanssouci)라는 이름은 "근심이 없는(ohne Sorge)"이라는 뜻의 프랑스어입니다.

원래 감자는 스페인을 통해 유럽에 들어왔는데, 그 당시에는 감자라는 식물의 가치를 아무도 몰랐다고 합니다. 그래서 감자를 경작하거나 지금처럼 즐겨 먹지는 않았습니다. 그런데 프리드리히 대왕은 감자의 식품으로서의 가치를 깨닫고 법까지 만들어 감자를 강제적으로 경작하게 했다고 합니다. 독일인들은 프리드리히 대왕이 독일에 감자를 보급한 것을 기리고 감사하기 위해 그의 무덤에 끊임없이 감자를 가져다 둔다고 합니다.

Wohin gehst du?

동영상 강의

- 장소의 위치를 표현하는 3·4격 지배 전치사

- **Wo?**: 어디에? / **Wohin?**: 어디로?

- 자·타동사와 3·4격 지배 전치사

- 3·4격 지배 전치사가 시간적 의미로 쓰일 때

Wo ist mein Buch?
내 책이 어디에 있지?

Das liegt auf dem Sofa.
소파 위에 있어.

● 장소의 위치를 표현하는 3·4격 지배 전치사

한 장소에 머물러 있는 정지된 상태를 의미할 때는 전치사 다음에 3격을 쓰고, 그 장소로의 이동을 의미할 때는 4격을 사용하여 구별합니다.

3격 **auf** dem Auto 자동차 위에 **unter** dem Auto 차 밑에

4격 **auf** das Auto 자동차 위로 **unter** das Auto 차 밑으로

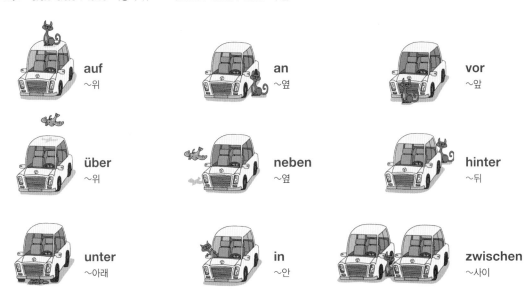

auf
~위

an
~옆

vor
~앞

über
~위

neben
~옆

hinter
~뒤

unter
~아래

in
~안

zwischen
~사이

● Wo?: 어디에? / Wohin?: 어디로?

'어디에?'라는 정지된 위치를 묻는 의문사 **wo**에 대한 대답은 3·4격 지배 전치사 다음에 3격 명사를 쓰고, '어디로?'라는 장소의 이동을 묻는 의문사 **wohin**에 대한 대답은 4격 명사를 씁니다.

A **Wo** ist die Katze? 고양이는 어디에 있나요?

B Sie sitzt **auf dem** Stuhl. 의자 위에 앉아 있어요.

A **Wohin** geht ihr jetzt? 너희들은 지금 어디에 가니?

B Wir gehen jetzt **ins** Kino. 우리는 지금 극장에 가요.

Wohin gehst du?
어디 가니?

Ich gehe jetzt ins Reisebüro.
나는 지금 여행사에 가.

● 자·타동사와 3·4격 지배 전치사

위치와 장소를 나타내는 자동사와 타동사 중에는 형태가 유사한 동사들이 있는데, 이 동사들 다음에 3, 4격 지배 전치사가 오면 자동사 다음에는 3격을, 타동사 다음에는 4격 명사를 써야 합니다.

자동사

liegen (~에 놓여 있다)
stehen (~에 서 있다)   **+ 3격**
sitzen (~에 앉아 있다)
hängen (~에 걸려 있다)

타동사

legen (~에 놓다)
stellen (~에 세우다)   **+ 목적어 + 4격**
setzen (~에 앉히다)
hängen (~에 걸다)

Die Jacke **liegt auf dem** Sofa.
재킷이 소파 위에 놓여 있다.

Das Kind **sitzt auf dem** Stuhl.
아이는 의자 위에 앉아 있다.

Er **legt** die Jacke **auf das** Sofa.
그가 재킷을 소파 위에 놓는다.

Er **setzt** das Kind **auf den** Stuhl.
그는 아이를 의자 위에 앉힌다.

> **주의**
>
> '집에', '집으로'는 관용적으로 다음과 같은 표현을 사용함에 유의해야 합니다.
>
> Ich bin **zu** Hause. (○) 나는 집에 있다.   Ich gehe **nach** Hause. (○) 나는 집으로 간다.
> Ich bin im Haus. (×)   Ich gehe ins Haus. (×)

● 3·4격 지배 전치사가 시간적 의미로 쓰일 때

장소를 나타내는 3·4격 지배 전치사 중 몇몇 전치사는 시간을 표현할 때도 사용됩니다. 이 경우에는 전치사 다음에 3격을 써서 표현합니다.

an + 하루 시간, 요일

am Morgen 아침에   **am** Mittag 정오에   **am** Vormittag 오전에
am Nachmittag 오후에   **am** Abend 저녁에   **am** Montag 월요일에

Er kommt **am** Abend an.
그는 저녁에 도착합니다.

Das Festival beginnt **am** Samstag.
축제는 토요일에 시작합니다.

in + 주, 월, 연도, 계절

in der Woche 일주일에   **im** Jahr 2013 2013년에   **im** Monat 한 달에   **im** Sommer 여름에

Er kommt zweimal **in** der Woche.
그는 일주일에 두 번 옵니다.

Im Jahr 1996 bin ich geboren.
저는 1996년에 태어났습니다.

Wo ist mein Handy?

Das liegt auf dem Sofa.

Laura	Wo ist mein Handy?	라우라 내 휴대폰이 어디에 있지?
Peter	Das liegt auf dem Sofa.	페터 소파 위에 있어.
Laura	Meinen Autoschlüssel finde ich auch nicht.	라우라 자동차 열쇠도 못 찾겠어.
Peter	Der hängt doch an der Wand.	페터 벽에 걸려 있잖아.
Laura	Und wo habe ich meinen Rucksack?	라우라 그리고 내 배낭은 어디에 있지?
Peter	Der ist unter dem Tisch.	페터 테이블 밑에 있어.
Laura	Danke. Ich bin immer so durcheinander.	라우라 고마워. 난 언제나 정신이 없네.

대화 TIP

• 복합 명사의 성은 뒤에 오는 명사의 성을 따릅니다.

Auto *n.* 자동차 + Schlüssel *m.* 열쇠 → Autoschlüssel *m.* 자동차 열쇠
Handy *n.* 휴대폰 + Nummer *f.* 번호 → Handynummer *f.* 휴대폰 번호
Computer *m.* 컴퓨터 + Problem *n.* 문제 → Computerproblem *n.* 컴퓨터 문제

• 독일어 명사는 추가되는 의미의 명사를 계속 붙여서 하나의 복합 명사를 만드는 특징이 있습니다. 63개의 철자로 구성된 복합 명사가 있을 정도입니다. 아무리 긴 복합 명사라도 마지막 명사의 성을 따릅니다.

die Sprache 언어
die Fremdsprache 외국어
die Fremdsprachenoberschule 외국어 고등학교
der Fremdsprachenoberschullehrer 외국어 고등학교 선생님

새 단어 및 표현

Handy 명 *n.* 휴대폰
liegen 통 ~에 놓여 있다
Schlüssel 명 *m.* 열쇠
finden 통 찾다
hängen 통 걸다, 걸려 있다
Wand 명 *f.* 벽
Rucksack 명 *m.* 배낭
immer 부 항상, 언제나
durcheinander 부 뒤죽박죽인

Wohin gehst du?

Ich gehe in die Bibliothek.

Peter	Hallo, Jena! Wohin gehst du?
Jena	Ich gehe in die Bibliothek.
Peter	Du lernst aber fleißig.
Jena	Ich habe morgen eine Prüfung. Und wohin gehst du?
Peter	Ich gehe jetzt ins Reisebüro.
Jena	Fährst du in Urlaub?
Peter	Ja, in zwei Wochen.

페터	안녕, 예나! 어디 가니?
예나	도서관에 가는 길이야.
페터	정말 열심히 공부하는구나.
예나	내일 시험이 있거든. 너는 어디 가니?
페터	나는 지금 여행사에 가는 길이야.
예나	휴가 가려고?
페터	응, 2주 후에 (가려고 해).

대화 TIP

· **Du lernst aber fleißig.**에서의 쓰임처럼 **aber**는 '그러나'의 뜻을 가진 등위 접속사뿐 만 아니라 강조의 뜻으로도 사용됩니다.

  Du spielst aber gut. 너는 정말 (연주를) 잘하는구나.

· 명사의 4격: 시간 부사

  시간을 나타내는 명사의 4격은 시간을 나타내는 부사가 됩니다.

  Nächsten Monat fange ich mit der Arbeit an. 다음 달에 나는 그 일을 시작한다.

  Nächstes Jahr fliege ich nach Deutschland. 내년에 나는 독일에 간다.

새 단어 및 표현

Bibliothek 몡 *f.* 도서관
lernen 동 공부하다
fleißig 혱 열심인, 부지런한
Prüfung 몡 *f.* 시험
Reisebüro 몡 *n.* 여행사
Urlaub 몡 *m.* 휴가
in zwei Wochen
2주 후에

Lektion **10** 119

집의 내부와 가구의 명칭

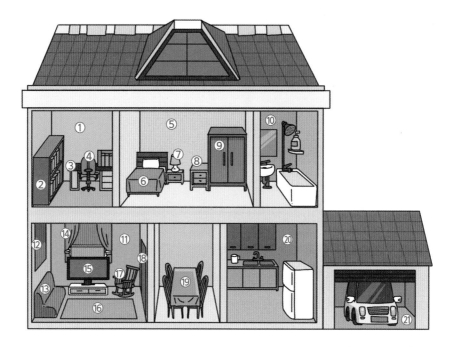

① **Arbeitszimmer** *n.* 서재

② **Regal** *n.* 책장

③ **Schreibtisch** *m.* 책상

④ **Stuhl** *m.* 의자

⑤ **Schlafzimmer** *n.* 침실

⑥ **Bett** *n.* 침대

⑦ **Lampe** *f.* 전등, 램프

⑧ **Kommode** *f.* 서랍장

⑨ **Schrank** *m.* 옷장

⑩ **Bad** *n.* 욕실

⑪ **Wohnzimmer** *n.* 거실

⑫ **Bild** *n.* 그림

⑬ **Sofa** *n.* 소파

⑭ **Vorhang** *m.* 커튼

⑮ **Fernseher** *m.* 텔레비전

⑯ **Teppich** *m.* 양탄자

⑰ **Sessel** *m.* 안락 의자

⑱ **Tür** *f.* 문

⑲ **Esstisch** *m.* 식탁

⑳ **Küche** *f.* 부엌

㉑ **Garage** *f.* 차고

참고
Zimmer *n.* 방

특별한 기념일에 하는 인사

Frohe Weihnachten!

Frohe Weihnachten!

A 메리 크리스마스!
B 메리 크리스마스!

▶ froh 즐거운

Frohe Ostern!

Frohe Ostern!

A 즐거운 부활절 보내!
B 즐거운 부활절 보내!

Ein gutes neues Jahr!

Ein gutes neues Jahr!

A 좋은 새해가 되기를 바랍니다!
B 좋은 새해가 되기를 바라요!

A, B의 기타 표현

Guten Rutsch ins neue Jahr!
좋은 새해를 맞이하기 바랍니다!

▶ Rutsch *m.* 미끄러짐

문법

1 그림을 보고 빈칸에 알맞은 단어를 넣어 대화를 완성하세요.

(1) A Wo sind die Bücher?

B Die Bücher stehen _____ Regal.

(2) A Wo hängt die Uhr?

B Die Uhr hängt _____ _____ Wand.

(3) A Wo ist das Bett?

B Das Bett ist _____ _____ Tisch.

(4) A Wo steht der Computer?

B Der Computer steht _____ _____ Tisch.

2 빈칸에 적절한 시간 전치사를 넣어 문장을 완성하세요.

(1) Was machst du _____ Vormittag?

(2) Es ist _____ der Nacht sehr kalt.

(3) _____ Sommer ist es sehr heiß in Korea.

3 밑줄 친 부분을 바르게 고치세요.

(1) Ich bin jetzt in der Stadt. Kommst du auch in der Stadt? → _____

(2) Ich stehe die Bücher gleich ins Regal. → _____

(3) Er hängt die Kleider im Schrank. → _____

(4) Sie legt die Jacke auf dem Sofa. → _____

듣기 ● 녹음을 듣고 질문에 답하세요.

(1)

A Wo ist Frau Sommer?

B ①   ②   ③   ④

(2)

A Wo ist Herr Braun?

B ①   ②   ③   ④

(3)

A Wo ist Jan?

B ①   ②   ③   ④

읽기 ● 문장의 내용과 맞는 그림을 찾으세요.

①   ②   ③

④   ⑤

(1) Sie sitzt vor dem Fernseher.   (   )

(2) Er legt den Ski auf das Auto.   (   )

(3) Die Gitarre steht hinter der Tür.   (   )

(4) Die Jacke hängt im Schrank.   (   )

(5) Er stellt die Bücher ins Regal.   (   )

독일의 사회보험
Sozialversicherung

독일의 사회보험은 건강보험, 간병보험, 연금보험, 재해보상보험, 고용보험, 이렇게 5가지로 구성되어 있습니다.
이 중 재해보상보험의 보험료는 회사가 전부 부담하지만, 나머지 보험의 보험료는 회사와 본인이 절반씩 부담합니다.
독일의 사회보험은 언제 생겨났으며 보험료는 개인이 얼마나 부담하는지에 대해 알아봅시다.

Sozialversicherung

1883 **Krankenversicherung** 건강보험
1884 **Unfallversicherung** 재해보상보험
1887 **Rentenversicherung** 연금보험
1927 **Arbeitslosenversicherung** 고용보험
1995 **Pflegeversicherung** 간병보험

● **독일의 사회보험제도에 관해 알아봅시다!**

독일을 최초로 통일한 프로이센의 철혈 재상 비스마르크(Otto von Bismarck)는 당시 산업화의 진행에 따른 노동 계층의 불만을 무마하기 위해 1883년에 건강보험 도입을 위한 사회보험법을 제정하였습니다. 그리고 1884년에는 재해보상보험이 도입되었고, 1887년에 연금보험, 1927년에 고용보험 그리고 1995년에 간병보험이 순차적으로 도입되었습니다. 비스마르크에 의해 도입된 사회보험 체계는 이후 다른 나라들에 빠르게 파급되었고, 국가에 의한 사회보험 체계의 본보기가 되었습니다.

독일에서 직장을 다니는 근로자가 부담하는 사회보험료는 상당히 많습니다. 2023년 기준으로 사회보험 요율을 살펴보면, 건강보험료 14.6%, 연금보험료 18.6%, 간병보험료 3.05%, 실업보험료 2.6%(총 요율은 38.85%)입니다. 근로자와 회사가 각각 절반을 부담하게 되므로, 근로자는 자신의 총 급여에서 19.425%를 사회보험료로 납부하게 되지요. 독일이 자랑하는 사회보험은 이처럼 근로자와 회사가 부담하는 높은 비용에 의해 유지되고 있습니다.

Ich habe
Kopfschmerzen.

- 명령문

- sein 동사의 명령문

- wehtun(= Schmerzen haben): ~이/가 아파요

Ich habe Fieber.
나 열이 있어.

Nimm doch
Tabletten.
약을 먹어 봐.

● 명령문

명령문은 상대방에게 요구나 권유를 할 때 사용하는 표현입니다. 상대방을 나타내는 Sie, ihr, du의 세 가지 인칭 대명사에 따라서 명령문의 형태도 다릅니다. 상대방에게 하는 말이므로 굳이 주어를 쓸 필요가 없어서 주어를 생략하지만 Sie는 생략하지 않습니다.

존칭 Sie에 대한 명령문 (서로 모르는 사이나 격식을 갖추는 관계)

동사 원형 + Sie + **기타 어휘**

기본 동사	**Kaufen** Sie das Auto! 그 차를 사세요!
비분리 동사	**Verkaufen** Sie das Auto! 그 차를 파세요!
분리 동사	**Kaufen** Sie morgen **ein**! 내일 쇼핑을 하세요!

ihr에 대한 명령문 (서로 잘 아는 친한 사이, 2인 이상)

동사 어근 + t + **기타 어휘**

기본 동사	**Schenkt** ihm das Bild! 그에게 이 그림을 선물해!
비분리 동사	**Verschenkt** ihnen die Bücher! 그들에게 이 책을 그냥 줘!
분리 동사	**Schenkt** ihnen ein Glas Bier **ein**! 그들에게 맥주 한 잔을 따라 줘!

> **주의**
> 동사의 어근이 -d, -t, -fn, -chn 등으로 끝나는 경우에는 ihr의 명령문에서도 e를 붙이는 것에 유의합니다.
> **Wartet** einen Moment! 잠깐만 기다려!
> **Öffnet** die Tür! 그 문을 열어 줘!

du에 대한 명령문

일반 동사	동사 원형 + 기타 어휘	기본 동사	**Stell** das Buch ins Regal! 그 책을 책장에 꽂아!
		비분리 동사	**Bestell** ein Taxi! 택시를 불러!
		분리 동사	**Stell** das Auto in die Garage **ein**! 차를 차고에 넣어!
-d, -t, -fn, -chn 등	동사 어근 + 기타 어휘	**Arbeite** fleißig! 열심히 일해! Öffne das Fenster! 창문을 열어! **Antworte** mir schnell! 빨리 답을 줘!	
불규칙 동사	어간 모음 e → i, ie	**Sprich** lauter! 더 크게 말해! (sprechen 말하다) **Iss** viel Obst! 과일을 많이 먹어! (essen 먹다) **Lies** die E-Mail! 메일을 읽어 봐! (lesen 읽다)	

Mein Bauch tut weh.
배가 아파.

Geh doch zum Arzt!
의사에게 가 봐!

● sein 동사의 명령문

sein 동사의 명령문은 불규칙한 형태를 취하므로 유의해야 합니다.

du	**Sei** vorsichtig! 조심해!
ihr	**Seid** vorsichtig! 조심해!
Sie	**Seien** Sie vorsichtig! 조심하세요!

● wehtun(= Schmerzen haben): ~이/가 아파요

신체의 어느 부위가 아프다고 표현할 때, 동사 wehtun(~이/가 아프다)을 사용하거나 명사 Schmerzen (Schmerz(통증)의 복수)을 사용하여 Schmerzen haben으로 표현합니다.

wehtun 동사	Schmerzen haben 동사	의미
Mein Kopf **tut weh.**	Ich **habe Kopfschmerzen.**	머리가 아파요.
Meine Augen **tun weh.**	Ich **habe Augenschmerzen.**	눈이 아파요.
Meine Ohren **tun weh.**	Ich **habe Ohrenschmerzen.**	귀가 아파요.
Meine Zähne **tun weh.**	Ich **habe Zahnschmerzen.**	이가 아파요.
Mein Hals **tut weh.**	Ich **habe Halsschmerzen.**	목이 아파요.
Mein Rücken **tut weh.**	Ich **habe Rückenschmerzen.**	허리가 아파요.
Mein Bauch **tut weh.** (= Mein Magen **tut weh.**)	Ich **habe Bauchschmerzen.** (= Ich **habe Magenschmerzen.**)	배가 아파요.

Laura	Ich kann heute leider nicht kommen.
Jan	Was ist denn los? Bist du krank?
Laura	Ja, ich habe ein bisschen Kopfschmerzen.
Jan	Was machst du dagegen?
Laura	Ich bleibe im Bett.
Jan	Das ist aber Unsinn. Nimm doch Tabletten.
Laura	Okay, das mache ich.
Jan	Also gute Besserung!

라우라	나 오늘 갈 수 없을 것 같아 미안해.
얀	무슨 일인데? 아파?
라우라	응, 머리가 조금 아파.
얀	그래서 뭐 하고 있어?
라우라	그냥 누워 있어.
얀	말도 안 돼. 약을 먹어.
라우라	알았어, 그렇게.
얀	얼른 낫기를 바랄게!

대화 TIP

• **nehmen** 동사의 명령문에서 단수 2인칭 **du**의 형태에 주의해야 합니다.

du	**Nimm** Tabletten!
ihr	**Nehmt** Tabletten!
Sie	**Nehmen** Sie Tabletten!

• **los**는 **Der Knopf ist los.**(단추가 떨어졌다.)에서와 같이 '풀린, 떨어진'의 의미이지만 **Was ist denn los?**에서와 같이 '~일이 생긴'의 의미로 쓰이기도 합니다.

새 단어 및 표현

Was ist los? 무슨 일이에요?
los 형 풀린, 떨어진
krank 형 아픈
ein bisschen 부 약간
Das ist Unsinn. 말도 안 돼요.
Unsinn 명 *m.* 넌센스
Tablette 명 *f.* 약
also 부 그러면
Gute Besserung! 쾌유를 빌어요!
Besserung 명 *f.* 회복

대화 **2**

Dialog 2

056

Was fehlt Ihnen denn?

Seit gestern tut mein Kopf weh.

Minho	Guten Tag, Frau Doktor!
Ärztin	Guten Tag, Herr Kim! Was fehlt Ihnen denn?
Minho	Seit gestern tut mein Kopf weh.
Ärztin	Haben Sie auch Fieber?
Minho	Ich glaube ja.
Ärztin	Machen Sie bitte den Mund auf und sagen Sie 'Aah'.
Minho	Aah~.
Ärztin	Sie haben eine Erkältung. Ich verschreibe Ihnen ein Medikament. Nehmen Sie die Tabletten dreimal am Tag.

민호	안녕하세요, 선생님!
의사	안녕하세요, 김민호 씨! 어디가 안 좋으세요?
민호	어제부터 머리가 아파요.
의사	열도 있나요?
민호	그런 것 같아요.
의사	입을 벌려 '아' 하세요.
민호	아~.
의사	감기네요. 약을 처방해 드릴게요. 하루에 세 번 드세요.

새 단어 및 표현

Doktor 명 *m.* 의사
fehlen 동 병이 나다
seit 전 (3격 지배 전치사) ~이후로
wehtun 동 아프게 하다
Fieber 명 *n.* 열
Ich glaube ja.
제 생각에 그런 것 같습니다.
glauben 동 생각하다, 믿다
Mund 명 *m.* 입
sagen 동 말하다
Erkältung 명 *f.* 감기
verschreiben 동 처방하다
Medikament 명 *n.* 약품
Mal 명 *n.* 번, 때

대화

- 명령문에서는 강조의 의미로 **bitte**(부디), **doch**(제발), **mal**(한번, 좀)을 붙입니다.
  Nehmen Sie **bitte** Platz! 앉으세요!
  Iss **doch** nicht zu viel! 너무 많이 먹지 말아라!
  Warte **mal** einen Moment! 잠깐만 기다려!

- **seit**는 과거의 일정한 시점부터 현재까지 진행되는 시간을 나타내는 3격 지배 전치사이므로 현재 시제로 표현합니다.
  Seit drei Monaten lerne ich Deutsch. 3개월 전부터 나는 독일어를 배우고 있다.

신체 명칭

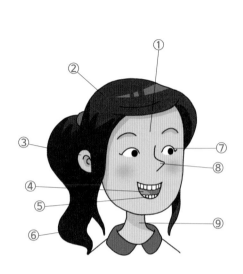
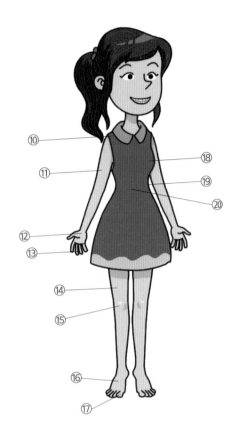

① **das Gesicht** 얼굴

② **der Kopf** 머리

③ **das Ohr (** *pl.* **die Ohren)** 귀

④ **der Mund** 입

⑤ **der Zahn (** *pl.* **die Zähne)** 치아

⑥ **das Haar (** *pl.* **die Haare)** 머리카락

⑦ **das Auge (** *pl.* **die Augen)** 눈

⑧ **die Nase** 코

⑨ **der Hals** 목

⑩ **die Schulter** 어깨

⑪ **der Arm (** *pl.* **die Arme)** 팔

⑫ **die Hand (** *pl.* **die Hände)** 손

⑬ **der Finger (** *pl.* **die Finger)** 손가락

⑭ **das Bein (** *pl.* **die Beine)** 다리

⑮ **das Knie** 무릎

⑯ **der Fuß (** *pl.* **die Füße)** 발

⑰ **der Zeh (** *pl.* **die Zehen)** 발가락

⑱ **die Brust** 가슴

⑲ **der Rücken** 등

⑳ **der Bauch** 배

병원에서 필요한 표현

Was haben Sie denn?

Ich habe Durchfall.

A　어디가 아프세요?
B　설사를 해요.

B의 기타 표현

Ich habe Schnupfen. 콧물이 나요.
Ich habe Husten. 기침을 해요.
Ich habe Halsschmerzen.
목이 아파요.

Haben Sie Ihre Versicherungskarte dabei?

Ja, hier bitte.

A　의료보험 카드를 가지고 오셨나요?
B　예, 여기 있어요.

Waren Sie schon mal bei uns?

Nein, heute zum ersten Mal.

A　저희 병원에 오신 적이 있나요?
B　아뇨, 오늘이 처음이에요.

문법 1 주어진 동사로 명령문을 만드세요.

(1) Peter, _____ vorsichtig! (sein)

(2) Frau Kim, _____ _____ bitte das Fenster

_____! (aufmachen)

(3) Du, _____ doch mehr! (nehmen)

(4) Kinder, _____ nicht so lange _____. (fernsehen)

(5) _____, du läufst zu schnell. (warten)

(6) Heike, _____ mir bitte das Buch! (geben)

(7) _____ doch eure Freunde _____! (anrufen)

2 주어진 단어를 사용하여 보기 와 같이 그림에 나타난 상태를 표현하세요.

Husten   Fieber   Bauchschmerzen   Zahnschmerzen

보기   <u>Ich habe Kopfschmerzen.</u>

(1)

_____

(2)

_____

(3)

_____

(4)

_____

녹음을 듣고 질문에 답하세요.

059

(1) Was fehlt Frau Kim?

　① Sie hat Bauchschmerzen.　　② Sie hat Kopfschmerzen.

　③ Sie hat Rückenschmerzen.　　④ Sie hat Halsschmerzen.

(2) Wie oft soll Frau Kim das Medikament nehmen?

　① Zweimal am Mittag.　　② Dreimal am Tag.

　③ Viermal am Morgen.　　④ Einmal am Abend.

읽기

본문에 묘사된 상황의 친구에게 할 수 있는 충고를 [보기] 처럼 명령형으로 쓰세요.

Jede Nacht das Gleiche:

Ich mache das Licht aus und versuche zu schlafen. Aber ich kann einfach nicht einschlafen. Morgens bin ich dann sehr müde. Ich möchte gern weiterschlafen und einmal ausschlafen, aber wache nachts häufig auf. Gegen Schlafstörungen muss ich unbedingt etwas tun. Sonst werde ich schwer krank. Was soll ich machen?

Meditationsübungen oder Yoga machen

[보기]

→　*Mach Meditationsübungen oder Yoga!*

(1) ein heißes Bad nehmen

→ _____

(2) einen Schlaftee trinken

→ _____

(3) abends spazieren gehen

→ _____

독일인의 국민성

- **규정을 잘 지킨다** diszipliniert
- **냉정하다** kalt
- **거만하다** arrogant
- **검소하다** bescheiden / sparsam
- **정리정돈을 잘한다** in Ordnung bringen
- **권위에 복종한다** gehorsam
- **근면하다** fleißig

▲ 검소한 옷차림의 독일 대학생들

▲ 어디서나 줄 잘 서는 독일인들.
줄 서 있는 모양이 뱀과 비슷하다고
하여 Warteschlange라고 부릅니다.

▲ 쳇바퀴처럼 바쁘게 돌아가는 일상
속에 부지런하고 근면한 독일인들

검소   규율

근면

Deutsche

청결

조직력   정확성

▲ 분리수거도 철저한 독일인들

▲ 조직력이 뛰어난 독일인들

▲ 직장에서도 청결한 업무 환경을 유지
하는 독일인들

▲ 스포츠에서도 뛰어난 조직력이 빛을
발하는 독일 축구팀

▲ 약속과 질서를 중시하는 독일인들

Wo gibt es einen Aufzug?

동영상 강의

- **Es gibt + 4격 명사:** ~이/가 있다

- **3격 요구 동사**

- **지시 대명사**

- **was für + 부정관사 + 명사?:** 어떤 종류의 ~?

- **welch-?:** 어떤 ~?

Wo gibt es einen Aufzug?
엘리베이터가 어디에 있나요?

Den gibt es gleich um die Ecke.
코너를 돌면 바로 있어요.

● Es gibt + 4격 명사: ~이/가 있다

'Es gibt + 4격 명사' 구문은 자주 사용되는 중요한 표현입니다. **Es**가 형식상의 주어이므로 동사는 언제나 **gibt**로 고정되고 변화하지 않습니다. 동사 다음에 오는 4격 명사가 의미상의 주어가 되며 동사 다음에 단수 혹은 복수 명사를 써서 한 개 혹은 여러 개가 있음을 표현합니다.

Es gibt + 단수 명사	Hier gibt es **einen Ball**. 여기에 하나의 공이 있습니다.
Es gibt + 복수 명사	Hier gibt es **viele Bälle**. 여기에 많은 공들이 있습니다.

● 3격 요구 동사

동사는 목적어로 주로 4격을 취하지만 3격을 목적어로 요구하는 동사도 많이 있으며, 이 경우 반드시 외워서 기억해야 합니다. gefallen(~의 마음에 들다), helfen(돕다), danken(고마워하다), schmecken(맛있다) 등의 동사는 목적어로 3격을 요구하는 동사에 속합니다.

A Puh! Die Kommode ist aber schwer. 후유! 이 서랍장 정말 무겁네.

B Warte! Ich **helfe dir**. 잠깐만! 내가 도와줄게.

A **Gefällt es dir**? 이것이 마음에 드니?

B Ja, es **gefällt mir** gut. 응, 마음에 들어.

● 지시 대명사

정관사와 동일한 형태인 der, die, das, die가 혼자 쓰이면 정관사가 아니라 앞에 나온 명사를 대신하는 지시 대명사로 쓰인 것입니다. 지시 대명사는 주로 문장 앞에 위치합니다.

A Wie findest du <u>den</u> Topf? 이 냄비 어때요?
　　　　　　　　남성 4격 정관사

B <u>Der</u> ist sehr schön. 아주 예쁘네요.
　남성 1격 지시 대명사

A Wie ist <u>der</u> Wagen? 이 차 어때요?
　　　　　　남성 1격 정관사

B <u>Den</u> finde ich toll. 멋지네요.
　남성 4격 지시 대명사

**Was für ein Auto
suchen Sie?**
어떤 종류의 자동차를 찾으십니까?

Ein kleines.
소형차를 찾습니다.

● was für + 부정관사 + 명사?: 어떤 종류의 ~?

정해지지 않은 대상들 중에서 어떤 종류인지를 묻는 **was für** 다음에는 부정관사와 결합한 명사가 옵니다. 부정관사와 마찬가지로 각 성에 따라 1, 2, 3, 4격의 형태가 있지만 여기에서는 주격, 목적격만 익히기로 합니다.

	남성	여성	중성	복수
1격	was für **ein**	was für **eine**	was für **ein**	was für **-**
4격	was für **einen**	was für **eine**	was für **ein**	was für **-**

A **Was für eine** Frau ist sie? 그녀는 어떤 여자야? 주어

B Sie ist **eine** nette Frau. 그녀는 친절한 여자야.

A **Was für ein** Handy suchen Sie denn? 어떤 종류의 휴대폰을 찾으세요? 목적어

B **Ein** schwarzes Handy, bitte. 검은색 휴대폰을 찾아요.

> **참고**
> was für로 묻는 질문에 대한 대답은 부정관사로 합니다.

● welch-?: 어떤 ~?

여럿 중에서 구체적으로 선택할 대상을 물어볼 때 사용하며, **welch-**는 다음에 오는 명사의 성, 수, 격에 따라서 정관사처럼 어미가 변화합니다. 1, 2, 3, 4격까지의 형태가 있지만 주로 쓰이는 격은 1격(주격)과 4격(목적격)입니다.

	남성	여성	중성	복수
1격	welcher	welche	welches	welche
4격	welchen	welche	welches	welche

A **Welche** Bluse gefällt Ihnen besser, die rote oder die gelbe? 주어
어떤 블라우스가 당신의 마음에 더 듭니까? 빨간색 또는 노란색?

B **Die** gelbe gefällt mir besser. 노란색이 더 마음에 들어요.

A Hier sind zwei Äpfel. **Welchen** Apfel möchtest du haben? 목적어
여기 두 개의 사과가 있어. 어떤 것을 원하니?

B **Den** großen (möchte ich haben). 그 큰 것이요.

> **참고**
> welch로 묻는 질문은 정해진 대상 중에서 선택하는 것이므로 정관사로 대답합니다.

Kann ich Ihnen helfen?

Wo finde ich Jacken?

Verkäuferin	Guten Tag! Kann ich Ihnen helfen?
Anna	Guten Tag! Wo finde ich Jacken?
Verkäuferin	Die finden Sie im 4. Stock.
Anna	Ich habe noch eine Frage.
Verkäuferin	Ja, bitte!
Anna	Gibt es hier einen Aufzug?
Verkäuferin	Ja, den finden Sie gleich um die Ecke.
Anna	Vielen Dank!

판매원	안녕하세요! 도와드릴까요?
안나	안녕하세요! 재킷은 어디에 있나요?
판매원	5층에 있습니다.
안나	아, 하나 더 물어볼게요.
판매원	예.
안나	여기 엘리베이터가 있나요?
판매원	예, 모퉁이를 돌면 바로 있어요.
안나	고맙습니다!

대화 TIP

- um은 4격을 요구하는 전치사이며 장소 명사와 함께 쓸 때는 '~을/를 돌아'의 뜻이며 이 외에 정확한 시간을 표현할 때도 사용합니다.

  Um den See gehe ich spazieren. 나는 호수를 빙 돌아 산책을 합니다.

- 독일에서는 지층(**Erdgeschoss**)을 기본 토대로 보고 그 위부터 한 층씩 올린다고 생각합니다. 따라서 한국의 2층은 독일의 1층에 해당합니다. 독일에서 엘리베이터를 타고 3층을 가기 위해서는 숫자 2를 눌러야 합니다.

새 단어 및 표현

helfen 图 돕다
finden 图 찾다
Stock 圆 m. 층
Frage 圆 f. 질문
Aufzug 圆 m. 승강기
gleich 囝 바로, 즉시
um 쩐 (4격 지배 전치사) ~을/를 돌아서
Ecke 圆 f. 모퉁이

Ich suche eine Jacke.

Was für eine Jacke suchen Sie?

Peter	Ich suche eine Jacke.
Verkäuferin	Was für eine Jacke suchen Sie denn?
Peter	Eine sportliche Jacke.
Verkäuferin	Welche Größe haben Sie?
Peter	Größe 36.
Verkäuferin	Wie finden Sie diese rote Jacke?
Peter	Das Design finde ich schön. Aber die Farbe gefällt mir nicht. Haben Sie die auch in Schwarz?
Verkäuferin	Einen Moment bitte, ich schaue mal nach.

페터	재킷을 하나 찾는데요.
판매원	어떤 종류의 재킷을 찾나요?
페터	운동용 재킷을 찾습니다.
판매원	몇 사이즈를 입으시나요?
페터	36사이즈요.
판매원	이 빨간 재킷 어떤가요?
페터	디자인은 예쁘네요. 그러나 색상이 제 마음에 안 들어요. 검정색도 있나요?
판매원	잠시만요, 한번 확인해 볼게요.

참고

색상 형용사

○ weiß 흰   ● schwarz 검은
● rot 빨간   gelb 노란
● grün 초록   ● blau 파란
● braun 갈색의   ● grau 회색의
● rosa 분홍색의   ● lila 보라색의
● orange 주황색의

* dunkel(어두운)과 hell(밝은)의 형용사를 색상 명사와 결합하여 색의 짙고 밝음을 표현합니다.

hellblau 연한 청색의
dunkelblau 짙은 청색의

대화 TIP

• **finden** 동사는 '(무엇을) 찾다'라는 뜻으로도 사용되고, '~라고 생각하다'의 의미로도 사용됩니다.

A Wo **finde** ich Lampen? 램프를 어디에서 찾을 수 있나요?
B Die **finden** Sie im ersten Stock. 2층에서 찾으실 수 있습니다.

A **Finden** Sie diesen Anzug schön? 이 양복이 멋지다고 생각하시나요?
B Ja, den **finde** ich schön. 예, 멋지다고 생각합니다.

새 단어 및 표현

suchen 동 찾다
sportlich 형 스포티한
Größe 명 f. 사이즈
Design 명 n. 디자인
gefallen 동 ~의 마음에 들다
nachschauen 동 확인하다

백화점

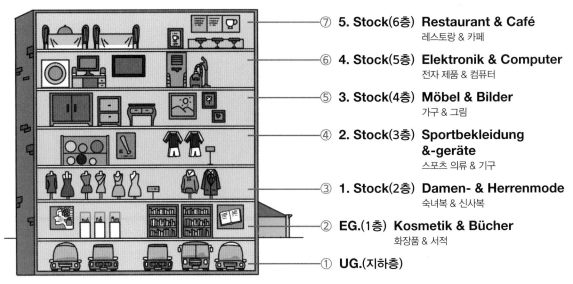

⑦ **5. Stock(6층) Restaurant & Café**
레스토랑 & 카페

⑥ **4. Stock(5층) Elektronik & Computer**
전자 제품 & 컴퓨터

⑤ **3. Stock(4층) Möbel & Bilder**
가구 & 그림

④ **2. Stock(3층) Sportbekleidung &-geräte**
스포츠 의류 & 기구

③ **1. Stock(2층) Damen- & Herrenmode**
숙녀복 & 신사복

② **EG.(1층) Kosmetik & Bücher**
화장품 & 서적

① **UG.(지하층)**

> 참고
> UG.는 Untergeschoss의 약자로 지하층을 의미합니다.
> EG.는 Erdgeschoss의 약자입니다.

의복

① **Hut** *m.* 모자

② **Brille** *f.* 안경

③ **Mantel** *m.* 외투

④ **Anzug** *m.* 양복

⑤ **Hose** *f.* 바지

⑥ **Schuhe** *pl.* 신발

⑦ **Hemd** *n.* 와이셔츠, 남방

⑧ **Krawatte** *f.* 넥타이

⑨ **Jacke** *f.* 재킷

⑩ **Rock** *m.* 치마

⑪ **Strümpfe** *pl.* 스타킹

⑫ **Stiefel** *pl.* 부츠

⑬ **Bluse** *f.* 블라우스

⑭ **Kleid** *n.* 원피스

옷 가게에서

Darf ich die Jacke mal anprobieren?

Ja, natürlich.

A 이 재킷을 입어 봐도 될까요?
B 예, 물론이죠.

Passt Ihnen die Größe?

Ja, die passt mir gut.

A 사이즈가 맞나요?
B 예, 제게 잘 맞네요.

Wo sind die Umkleidekabinen?

Da hinten.

A 탈의실이 어디에 있나요?
B 저기 뒤에 있어요.

문법 1 그림을 보고 옷의 명칭을 쓰세요.

(1)

_____

(2)

_____

(3)

_____

(4)

_____

(5)

_____

(6)

_____

2 그림을 보고 주어진 정보에 따라 물음에 답하세요.

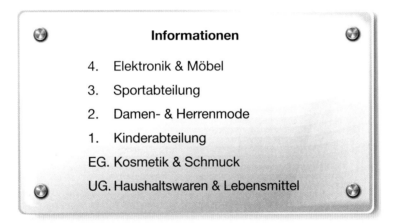

Informationen

4. Elektronik & Möbel

3. Sportabteilung

2. Damen- & Herrenmode

1. Kinderabteilung

EG. Kosmetik & Schmuck

UG. Haushaltswaren & Lebensmittel

(1) Wo findet man Stühle?

Die findet man im _____ Stock.

(2) Wo findet man Fernseher?

Die findet man im _____ Stock.

(3) Wo findet man Hosen?

Die findet man im _____ Stock.

(4) Wo findet man Spielzeuge?

Die findet man im _____ Stock.

3 질문을 읽고 괄호 안에 설명된 대로 답하세요.

(1) Hier gibt es viele Mäntel. Welchen Mantel möchten Sie?

_____ (빨간색 외투)

(2) Was für eine Jacke suchen Sie denn?

_____ (긴 재킷)

(3) Welches T-Shirt gefällt Ihnen besser?

_____ (밝은 색 티셔츠)

듣기 ● 녹음을 듣고 질문에 답하세요.

064

(1) Was will Jena in dem Laden kaufen?

① 　② 　③ 　④

(2) Welche Größe hat Jena?

① Die Größe 38.　② Die Größe 34.　③ Die Größe 36.　④ Die Größe 46.

읽기 ● 다음 대화를 읽고 문맥에 맞게 적절한 인칭 대명사나 지시 대명사를 넣으세요.

A Guten Tag, kann ich (1) _____ helfen?

B Guten Tag, ich suche einen Laptop.

A Wie finden Sie (2) _____ hier?

B (3) _____ gefällt (4) _____ gut. Was kostet das?

A Das kostet 899 Euro.

B Aber das ist für mich zu teuer. Gibt (5) _____ keinen billigeren?

A (6) _____ da ist etwas billiger. Er kostet 799 Euro.

고전 음악의 오랜 전통을 가진 독일

클래식 음악을 생각하면 어떤 음악가가 떠오르시나요?

바흐, 헨델, 베토벤, 슈베르트, 바그너, 멘델스존, 브람스 등 수많은 독일 음악가의 이름이 떠오를 것입니다.

서양 음악사가 바흐에서 시작하여 베토벤에 이르러 전성기를 구가했다는 사실에 이론을 제기할 사람은 많지 않을 것입니다.

그럼 이렇게 유명 음악가를 배출한 독일의 국가는 과연 누가 만들었으며, 어떤 배경으로 만들어졌을까요?

● 요한 세바스찬 바흐 Johann Sebastian Bach

헨델과 쌍벽을 이루며 바로크 음악을 집대성한 바로크 음악의 거장 요한 세바스찬 바흐는 1685년 독일의 아이제나흐(Eisenach)에서 출생했습니다. 생전에 1,000여 곡 이상을 작곡한 바흐는 서른일곱의 나이에 음악의 구약 성서라 불리는 '평균율 클라비어 곡집'을 완성했습니다. 바흐(Bach)는 독일어로 '작은 시냇물'이라는 뜻이지만, 악성 베토벤은 "당신은 작은 시냇물이 아니라 드넓은 대양입니다."라며 바흐의 음악적 독창성과 위대함을 표현했다고 합니다.

● 루드비히 반 베토벤 Ludwig van Beethoven

베토벤 또한 서양 음악사에 거대한 족적을 남긴 위대한 인물이지요. 베토벤은 하이든, 모차르트와 함께 '빈 고전파 3인'으로 불립니다. '빈 고전파'라고 하는 이유는 베토벤이 활동하던 당시에는 오스트리아의 빈이 유럽 문화, 예술의 중심지였기 때문입니다. 베토벤은 말년에 청력을 잃게 되는 고통스러운 운명에도 굴하지 않고 〈3번 교향곡 영웅〉, 〈5번 교향곡 운명〉, 〈6번 교향곡 전원〉, 〈9번 교향곡 합창〉 등 9개의 불멸의 교향곡을 후세에 남기며 고전파 음악을 완성한 음악가로 평가받습니다.

● 독일 국가 Deutsche Nationalhymne

지금의 독일 국가는 하이든의 현악 4중주 〈황제〉의 제2악장의 곡조를 사용하고 있는데, 원래 이 곡은 하이든이 1797년에 신성로마제국의 황제였던 프란츠 2세의 생일을 축하하기 위해 지은 축가였습니다. 이후 1841년 팔러스레벤(Heinrich Hoffmann von Fallersleben)이라는 독일의 청년 투사가 하이든의 곡에 자신이 쓴 시 '독일인의 노래(Das Lied der Deutschen)'를 가사로 붙여 곡을 만들었습니다. 이 당시 독일은 자유주의 사상에 물든 청년들이 억압적인 전제 군주제에 저항하던 시기로, 팔러스레벤은 군주를 찬양하기 위해 쓰여진 이 곡을 조롱하기 위해 선택했다고 합니다. 이후 팔러스레벤은 이 노래를 자신의 민요집에 실었고, 학생들 사이에서 유명해진 이 곡은 점차 독일인들 사이에 퍼져 나가 오늘날 독일의 국가가 되었습니다.

Deutsche Nationalhymne

August Heinrich Hoffmann
(1798-1874)

Wie komme ich zum Bahnhof?

동영상 강의

- Wie komme ich zu ~?: ~(으)로 어떻게 가나요?

- 교통수단

- 3격 지배 전치사 nach

- 4격 지배 전치사 bis

**Wie komme ich
zum Rathaus?**
시청에 어떻게 가나요?

**Fahren Sie mit
dem Bus.**
버스를 타세요.

● Wie komme ich zu ~?: ~(으)로 어떻게 가나요?

길을 물어볼 때, '가다'의 의미로 kommen(오다) 동사를 사용합니다. zu는 '~(으)로'라는 뜻을 가진 3격 지배 전치사입니다. 전치사 zu는 정관사와 축약되므로 목적지의 성이 남성이나 중성이면 'zum + 장소명', 여성이면 'zur + 장소명'의 형태가 됩니다.

A **Wie komme ich zum** Landesmuseum? 주립 박물관에 어떻게 가나요?

B Gehen Sie geradeaus und dann links in die Goethestraße.
직진하셔서 왼쪽 괴테 거리로 들어가세요.

A **Wie komme ich zur** Post? 우체국에 어떻게 가나요?

B Gehen Sie die zweite Straße links. 두 번째 거리에서 왼쪽으로 가세요.

> **참고**
> 전치사와 정관사의 축약형
> zu + dem = zum
> zu + der = zur

● 교통수단

교통수단을 이용하는 표현은 동사 fahren이나 nehmen을 사용합니다. nehmen은 교통수단의 4격 명사를 직접 취하고, fahren 동사는 '~와/과 함께'라는 뜻을 가진 3격 지배 전치사 mit과 함께 사용합니다.

mit der U-Bahn
지하철을 타고

mit dem Flugzeug
비행기를 타고

mit dem Taxi
택시를 타고

mit dem Fahrrad
자전거를 타고

mit dem Bus
버스를 타고

mit dem Auto
자동차를 타고

**mit der Bahn
(=mit dem Zug)**
기차를 타고

> **참고**
> '걸어서 간다'고 표현할 경우에는 전치사 zu를 사용하여 zu Fuß 라고 씁니다.
> **Er geht zu Fuß zur Uni.**
> 그는 걸어서 대학에 갑니다.

Maria **fährt mit** der U-Bahn. = Maria **nimmt** die U-Bahn. 마리아는 지하철을 타고 갑니다.

Gehen Sie hier geradeaus bis zur Kreuzung und dann nach links.
직진하셔서 신호등까지 가신 후
왼쪽으로 가세요.

Danke.
고마워요.

● 3격 지배 전치사 nach

목적지를 향해 간다는 의미의 전치사 nach 다음에는 장소 부사(oben, unten, links 등)나 중성 고유 명사만 쓸 수 있습니다.

Ich fahre **nach** Hamburg. 함부르크에 가요.

Fahren Sie **nach** oben oder **nach** unten? 위로 혹은 아래로 가시나요?

> **참고**
>
> ~(으)로: zu + 3격 보통 명사, in + 4격 보통 명사
> 목적지가 보통 명사일 때는 전치사 zu나 in을 사용하여 표현합니다.
> Maria geht jetzt **zur** Bibliothek. 마리아는 지금 도서관에 간다. (zu + 3격 보통 명사)
> Heute gehen wir **ins** Kino. 오늘 우리는 극장에 간다. (in + 4격 보통 명사)

> **주의**
>
> '집으로'라는 뜻의 nach Hause는 nach 다음에 보통 명사를 쓰는 예외적인 경우입니다.

● 4격 지배 전치사 bis

bis는 다른 전치사와 함께 결합하는 경우가 많은데, 이때 뒤에 오는 전치사가 명사의 격을 결정하게 됩니다.

A Wie komme ich zum Hauptbahnhof?
중앙역에 어떻게 가나요?

B Gehen Sie hier die Schillerstraße geradeaus **bis zur** Kirche.
쉴러 거리를 쭉 따라서 교회까지 가세요.

A Wie kommt man zum Krankenhaus Maria-Hilf?
마리아 힐프 병원에 어떻게 가나요?

B Gehen Sie die Domstraße entlang **bis zum** Bahnhof. Dann nach links.
돔 거리를 따라서 중앙역까지 가신 다음 왼쪽으로 가세요.

> **참고**
>
> entlang은 '~을/를 따라서'라는 의미를 지니며, 4격 지배 전치사로 쓰일 경우 반드시 명사의 뒤에 위치합니다.
>
> Den Hanfluss **entlang** gehe ich jeden Tag spazieren.
> 한강 변을 따라서 매일 산책을 합니다.

Wie komme ich zum Bahnhof?

Da fahren Sie am besten mit der U-Bahn.

Minho	Entschuldigung. Wie komme ich zum Bahnhof?
Passant	Zum Bahnhof? Da fahren Sie am besten mit der U-Bahn.
Minho	Gibt es hier in der Nähe eine U-Bahnstation?
Passant	Ja, gehen Sie hier geradeaus bis zur Kreuzung, dann nach links. Da ist die U-Bahnstation Zoo. Dort nehmen Sie die Linie 2.
Minho	Danke schön.

민호 실례합니다. 기차역에 어떻게 가나요?

행인 기차역이요? 거기는 지하철을 타고 가는 것이 가장 좋습니다.

민호 여기 근처에 지하철역이 있나요?

행인 네, 직진하셔서 교차로까지 가신 후, 왼쪽으로 가세요. 거기가 동물원역입니다. 거기서 2호선을 타세요.

민호 고맙습니다.

대화 TIP

• 거리에서 길을 묻거나 대답할 때, 잘 모르는 곳인 경우 다음과 같은 표현을 사용합니다.

Ich bin auch nicht von hier. 저 역시 이 지역 사람이 아닙니다.
Ich bin fremd hier. 저도 이 지역을 잘 모릅니다.

• 장소를 나타내는 부사에는 다음과 같은 것들이 있습니다.

da(= dort) 저기에	hier 여기에	unten 아래에	oben 위에
links 왼쪽에	rechts 오른쪽에	vorn 앞에	hinten 뒤에
innen 안에	außen 밖에		

새 단어 및 표현

Bahnhof 몡 *m.* 역
U-Bahn 몡 *f.* 지하철
Station 몡 *f.* 역
Gehen Sie geradeaus. 직진하세요.
geradeaus 뮈 똑바로, 직진으로
bis zur Kreuzung 교차로까지
nach links 왼쪽으로
Kreuzung 몡 *f.* 교차로
Linie 몡 *f.* 호선

Nichtraucher, bitte.

Raucher oder Nichtraucher?

Am Bahnhof

Jena	Wann fährt der nächste Zug nach Berlin?
Beamter	Um 17 Uhr.
Jena	Bitte einmal hin und zurück.
Beamter	Erster oder zweiter Klasse?
Jena	Zweiter Klasse, bitte. Kann ich einen Platz reservieren?
Beamter	Sicher. Raucher oder Nichtraucher?
Jena	Nichtraucher, bitte.
Beamter	Hier, Ihre Fahrkarte. Der Zug fährt von Gleis 3. Sie müssen in Hannover einmal umsteigen.

기차역에서

예나	다음 베를린행 기차가 언제 있나요?
공무원	17시예요.
예나	왕복 차표 하나 주세요.
공무원	1등석 아님 2등석을 드릴까요?
예나	2등석이요. 자리 예약할 수 있나요?
공무원	당연하죠. 흡연석과 비흡연석 중 어떤 자리를 원하시나요?
예나	비흡연석이요.
공무원	여기 티켓 있습니다. 3번 선로이고 하노버에서 한 번 갈아타셔야 합니다.

새 단어 및 표현

Zug 명 *m.* 기차

hin und zurück 부 왕복

Klasse 명 *f.* 등급

Platz 명 *m.* 좌석, 자리

reservieren 동 예약하다

sicher 부 확실히, 당연히

Raucher 명 *m.* 흡연자

Fahrkarte 명 *f.* 차표

Gleis 명 *n.* 선로, 플랫폼

umsteigen 동 환승하다

대화 TIP

• 차표를 구입할 때, 편도를 원하면 **einfach**라는 표현을 사용합니다.

• 일등석 **erster Klasse**, 혹은 이등석 **zweiter Klasse**이란 표현은 관용적으로 2격을 사용합니다. '일등석의 기차 객실'이란 의미로 기차 객실에 해당하는 **in einem Abteil**을 생략하고 사용하기 때문입니다.

건물과 장소의 명칭

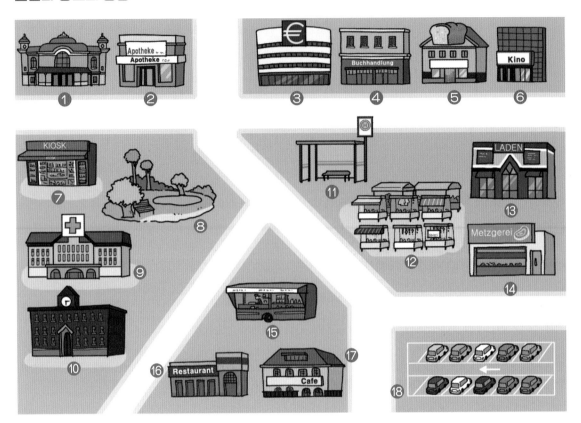

1 **Bahnhof** *m.* 기차역

2 **Apotheke** *f.* 약국

3 **Bank** *f.* 은행

4 **Buchhandlung** *f.* 서점

5 **Bäckerei** *f.* 빵집

6 **Kino** *n.* 영화관

7 **Kiosk** *m.* 노점, 매점

8 **Park** *m.* 공원

9 **Krankenhaus** *n.* 병원

10 **Schule** *f.* 학교

11 **Bushaltestelle** *f.* 버스 정거장

12 **Markt** *m.* 시장

13 **Laden** *m.* 가게

14 **Metzgerei** *f.* 정육점

15 **Imbiss** *m.* 간이식당

16 **Restaurant** *n.* 식당

17 **Café** *n.* 카페

18 **Parkplatz** *m.* 주차장

길의 종류

die **Autobahn** 고속도로

die **Gasse** 골목길

die **Landstraße** 국도

die **Sackgasse** 막다른 길

die **Einbahnstraße** 일방 통행로

die **Fußgängerzone** 보행자 우선 도로

der **Bürgersteig** 인도

der **Zebrastreifen** 횡단보도

길 설명하기

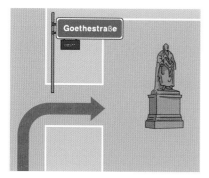

Fahren Sie in die Goethestraße.
괴테 거리로 들어가세요.

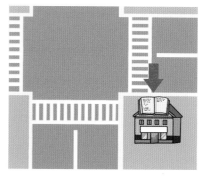

An der Ecke ist eine Buchhandlung.
모퉁이에는 서점이 하나 있습니다.

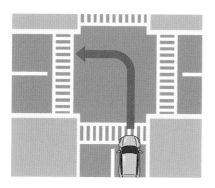

An der Kreuzung nach links.
교차로에서 왼쪽으로 가세요.

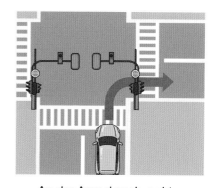

An der Ampel nach rechts.
신호등에서 오른쪽으로 가세요.

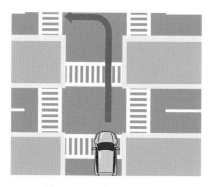

Die zweite Straße links.
두 번째 거리에서 왼쪽으로 가세요.

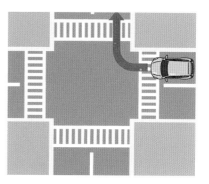

Fahren Sie um die Ecke.
모퉁이를 돌아가세요.

문법

1 빈칸에 알맞은 전치사와 관사 또는 그 축약형을 넣으세요.

(1) A Wohin gehst du denn?

   B Ich muss _____ Bank. Ich habe kein Geld mehr.

(2) A Kommst du mit _____ Hamburg?

   B Nein, ich kann nicht. Ich muss morgen arbeiten.

(3) A Wie komme ich _____ Rathaus?

   B Am besten fahren Sie _____ _____ Bus.

(4) Den Hanfluss _____ gehe ich jeden Tag spazieren.

2 그림을 보고 **보기** 와 같이 교통수단에 알맞은 전치사를 넣어 답하세요.

보기

A Womit fährt er?

B _Er fährt mit dem Fahrrad._

A Womit fährt er?

(1)

B _____

(2)

B _____

(4)

B _____

(4)

B _____

(5)

B _____

(6)

B _____

● 녹음을 듣고 알맞은 약도를 고르세요.

(1) ●

(2) ●

(3) ●

● ①

● ②

● ③

읽기

● 약도를 보고 빈칸에 알맞은 말을 넣어 글을 완성하세요.

Wie komme ich zur Stadtbibliothek?

Gehen Sie hier die Paulstraße

(1) _____ (직진해서)

(2) _____ (3) _____

Kreuzung (교차로까지). (4) _____

der Kreuzung (교차로에서) dann rechts

(5) _____ die Kantstraße (칸트 거

리로). Nach 100 Metern kommen Sie

(6) _____ Ecke Mariott Hotel (매리오트 호텔의 모퉁이로). Gehen Sie

(7) _____ die Ecke (모퉁이를 돌아). Dann müssen Sie (8) _____

(9) _____ Kirche vorbei (교회를 지나) und (10) _____ der

Ampel (신호등에서) über die Straße gehen. Dort ist die Stadtbibliothek.

독일에서 이용되는 대중 교통수단에 대해 살펴볼까요?

독일에서는 대중 교통수단인 버스나 택시의 대부분이 벤츠입니다.
하지만 독일에서는 벤츠라고 하기보다는 메르체데스(Mercedes)라고 해야 빨리 알아듣습니다.
버스와 택시 이 외에 대중 교통수단으로 U-Bahn, S-Bahn, Straßenbahn이 있습니다.
교통 요금이 비싸기 때문에 다양한 종류의 정기 할인권을 이용하면 좋습니다.

▲ 슈트라쎈반 Straßenbahn

시내 전차인 슈트라쎈반(Straßenbahn)은 거리의 풍경을 즐기며 여유롭게 이동할 수 있는 교통수단이지만 바쁜 대도시에서는 점점 사라지는 추세입니다. 뮌헨에서는 시내 전차를 '트램'이라는 영어명으로 부릅니다.

▲ 에스반 Schnellbahn

에스반(S-Bahn)은 Stadtbahn 혹은 Schnellbahn의 약자로서, 도시 철도를 의미합니다. 대도시와 인근 지역을 연결하고 (예) 베를린 에스반 권역), 중소도시들을 연결 (예) 프랑크푸르트와 인근 중소도시를 연결하는 라인-마인 에스반 권역)하는 에스반은, 독일 전역에 총 16개의 권역에서 운행되고 있습니다. 철도(Eisenbahn)보다는 정차역이 촘촘하게 설계되어 있지요.

▲ 우반 Untergrundbahn

메트로라고도 불리는 우반(U-Bahn)은 Untergrundbahn의 약자로 도심 내의 지하철입니다. 한국의 환승역에서는 다른 번호의 지하철은 각각 다른 플랫폼에 가서 타게 되지만, 독일은 한 자리에서 (한 플랫폼에서) 여러 노선이 함께 지나가는 곳이 많기 때문에 승차시에 지하철 번호를 반드시 확인하고 타야 합니다.

⚠ 독일의 지하철 역에는 우리나라와 달리 개찰구가 없습니다. 차표를 구입한 후 하차할 때까지 반드시 소지하고 있어야 합니다. 불시에 승차권을 검사하며 무임승차자(Schwarzfahrer)에게는 60유로의 벌금이 부과됩니다.

Wie ist das Wetter heute?

동영상 강의

- 비인칭 주어 es

- 날씨 표현

- 미래 시제

- 종속 접속사 wenn

Wie ist das Wetter in Korea?
한국은 날씨가 어때요?

Im Sommer regnet es viel.
여름에는 비가 많이 와요.

● 비인칭 주어 es

es는 시간, 날씨, 계절, 온도 등을 표현하는 문장에서 특별한 의미 없이 주어 자리에 놓이는 대명사입니다.

날씨	**Es** regnet jetzt. 지금 비가 온다.
시간	**Es** ist ein Uhr. 1시다.
계절	**Es** ist Sommer in Korea. 한국은 여름이다.
온도	**Es** ist ein Grad in diesem Zimmer. 이 방 온도는 1도다.

● 날씨 표현

비인칭 주어 es는 자연 현상을 나타내는 동사와 함께 날씨를 표현할 때 사용합니다. 날씨 표현을 위해 사용되는 비인칭 주어 es는 어떠한 경우에도 생략할 수 없습니다.

Es + 동사

Es schneit.
눈이 오다.

Es regnet.
비가 오다.

Es donnert.
천둥이 치다.

Es blitzt.
번개가 치다.

Es + sein + 형용사

Es ist sonnig.
화창하다.

Es ist windig.
바람이 불다.

Es ist wolkig.
날씨가 흐리다.

Wenn das Wetter gut ist, machen wir am Samstag einen Ausflug.
만약 날씨가 좋으면, 토요일에 피크닉 가자.

Aber am Samstag wird es regnen.
근데 토요일에 비가 온대.

● 미래 시제

미래 시제는 계획이나 추측을 나타낼 때 사용하며, 'werden + 동사 원형'의 형태를 취합니다.

ich	werde	wir	werden
du	wirst	ihr	werdet
er / sie / es	wird	sie / Sie	werden

Ich werde dich besuchen. 내가 너를 방문할 거야.

Du wirst wieder gesund. 너는 다시 건강해질 거야.

Er wird bald kommen. 그는 곧 올 거예요.

Es wird morgen regnen. 내일 비가 올 거야.

● 종속 접속사 wenn

종속 접속사 wenn은 '만약 ~한다면'의 뜻으로 조건을 나타내는 부문장을 만들 때 사용합니다. 종속 접속사가 이끄는 부문장에서는 주어에 따라서 변화하는 동사가 반드시 문장의 맨 뒤에 위치합니다. 또 주문장을 먼저 쓰느냐, 나중에 쓰느냐에 따라서 주문장에서 동사의 위치가 달라집니다.

① 주문장 + 부문장

Du musst fleißig Deutsch lernen, **wenn** du in Deutschland studieren willst.
주어 동사 본동사 조동사
만약 네가 독일에서 대학에 다니기를 원한다면, 너는 열심히 독일어를 배워야 해.

② 부문장 + 주문장

Wenn du in Deutschland studieren willst, musst du fleißig Deutsch lernen.
본동사 조동사 동사 주어

주의
부문장 안에 두 개의 동사가 들어갈 경우, 언제나 문장 끝에 '본동사 + 조동사'가 나란히 배치되는 형태를 취합니다.

Wie ist das
Wetter in Korea?

Im Winter
schneit es viel.

Anna　Wie ist das Wetter in Korea?

Jena　Im Winter schneit es viel, aber es ist meistens sonnig.

Anna　Ist es heiß im Sommer?

Jena　Ja, im Sommer ist es viel heißer als hier.

Anna　Wie hoch ist die Temperatur?

Jena　Es sind meistens über dreißig Grad.

안나　한국의 날씨는 어떠니?

예나　겨울에는 눈이 많이 오지만, 맑은 날이 많아.

안나　여름에는 덥니?

예나　응, 여름에는 이곳보다 훨씬 더 더워.

안나　기온이 얼마나 높은데?

예나　30도를 넘는 날이 거의 대부분이야.

대화 TIP

- 기온을 나타낼 때에는 온도가 1도를 넘어가면 복수로 간주하고 **Es sind** 뒤에 기온을 써서 말합니다.

| Es ist + 단수 | **Es ist** ein Grad heute. 오늘은 기온이 1도야. |
| Es sind + 복수 | **Es sind** minus drei Grad heute. 오늘은 기온이 −3도야. |

- 형용사 비교급을 강조하려면 비교급 앞에 **viel**, **noch**를 씁니다.

  Seine Freundin ist **viel** netter. 그의 여자 친구가 훨씬 더 친절하다.

  Es ist heute **noch** wärmer als gestern. 오늘은 어제보다 훨씬 더 따뜻하다.

- 독일어에서 주로 사용하는 빈도 부사는 아래와 같습니다.

  nie　　<　　selten　<　manchmal　<　oft　<　meistens　<　immer
  결코~하지 않다　　드물게　　가끔, 때때로　　종종　　대부분　　항상

새 단어 및 표현

Wetter 명 *n.* 날씨
sonnig 형 햇빛 비치는
heiß 형 더운, 뜨거운
Temperatur 명 *f.* 온도, 기온
Grad 명 *m.* 도, 등급

Wenn das Wetter gut ist, machen wir einen Ausflug.

Aber am Samstag wird es regnen.

Minho	Was machst du am Wochenende?
Jena	Warum?
Minho	Wenn das Wetter gut ist, machen wir einen Ausflug.
Jena	Aber ich habe gehört, dass es am Samstag regnen wird.
Minho	Wirklich? Schade! Dann gehen wir ins Kino.
Jena	Ja, gern.

민호	주말에 뭐 하니?
예나	왜?
민호	만약 날씨 좋으면, 피크닉 가자.
예나	그런데 토요일에 비가 올 거라고 들었어.
민호	정말? 유감이네! 그럼 영화 보러 가자.
예나	좋아.

대화 TIP

• 여러 종류의 부사를 함께 사용할 경우에는 '시간–방법–장소'를 나타내는 순서로 씁니다.

Er fährt <u>morgen</u> <u>mit seinem Auto</u> <u>nach Hamburg</u>.
　　　　　시간　　　　방법　　　　　장소
그는 내일 자신의 자동차를 타고 함부르크로 간다.

새 단어 및 표현

warum 의 왜
wenn 접 만약 ~한다면
Ausflug 명 m. 소풍
regnen 동 비가 오다
wirklich 부 정말, 정말로
schade 형 안타까운, 유감인

방위

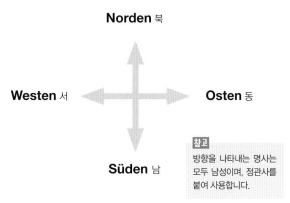

Norden 북

Westen 서　←→　**Osten** 동

Süden 남

> **참고**
> 방향을 나타내는 명사는
> 모두 남성이며, 정관사를
> 붙여 사용합니다.

Im Osten regnet es. Es sind 3 Grad.
동부 지방에는 비가 오고 기온은 3도입니다.

Im Westen ist es wolkig. Es ist minus 1 Grad.
서부 지방은 흐리고 기온은 −1도입니다.

Im Süden ist es sonnig. Es sind 3 Grad.
남부 지방은 화창하며 기온은 3도입니다.

Im Norden schneit es. Es sind minus 2 Grad.
북부 지방에는 눈이 오고 기온은 −2도입니다.

사계절

der Frühling
봄

der Sommer
여름

der Herbst
가을

der Winter
겨울

> **참고**
> 계절명은 남성이며 정관사를 붙여 사용합니다.

날씨에 관한 표현

기온에 관한 표현

Ja, stimmt.

Es ist heiß heute.

A 오늘 날씨가 덥네.
B 그래, 네 말이 맞아.

A의 기타 표현

Es ist kalt heute.
오늘 날씨가 춥네요.

Es ist warm heute.
오늘 날씨가 따뜻하네요.

Es ist kühl heute.
오늘 날씨가 서늘하네요.

▶ stimmen 맞다, 일치하다

날씨에 대한 느낌 표현

Soll ich das Fenster zumachen?

Mir ist kalt.

A 전 춥네요.
B 창문 닫을까요?

A의 기타 표현

Mir ist heiß. 전 더워요.

Mir ist warm. 전 따뜻해요.

▶ Fenster *n.* 창문 ｜
zumachen 문을 닫다

참고
주관적으로 체감하는 기온을 표현할 때는
3격 인칭 대명사를 써서 나타냅니다.

문법   1   주어진 동사를 주어에 맞게 형태를 바꾸세요.

(1) Es _____ an diesem Wochenende wieder regnen. (werden)

(2) Es _____ sehr kalt heute. (sein)

(3) Du _____ später Arzt, ich werde Sportler. (werden)

(4) Es _____ jetzt 5 Grad. (sein)

(5) Die Sonne _____ den ganzen Tag. (scheinen)

★ scheinen (빛이) 비치다

2   빈칸에 알맞은 단어를 찾아 올바른 형태로 넣어 문장을 완성하세요.

kalt   schneien   regnen   heiß   nebeln   donnern

(1) Es sind minus 7 Grad. Es ist sehr _____.

(2) Ich kann nicht so gut sehen. Es _____.

(3) Es sind 30 Grad. Es ist sehr _____.

(4) Es ist wolkig. Vielleicht wird es nochmal _____.

(5) Im Winter _____ es viel in Korea.

(6) Es _____. Es kommt gleich ein Gewitter.

3   종속 접속사 wenn과 주어진 단어를 사용하여 문장을 완성하세요.

(1) _____, helfe ich dir auch.

(du, helfen, mir / 네가 만약 나를 돕는다면)

(2) _____, gehen wir spazieren.

(das Wetter, sein, morgen, schön / 내일 날씨가 좋으면)

(3) _____, rufe ich dich an.

(ich, haben, Zeit / 내가 시간이 있으면)

듣기 ● 녹음을 듣고 그림과 일치하는 대화의 기호를 쓰세요.

(1) (　　　　)

(2) (　　　　)

(3) (　　　　)

(4) (　　　　)

(5) (　　　　)

읽기 ● 일기 예보에 관한 글을 읽고 날씨의 상황과 맞으면 ○, 맞지 않으면 ✕를 하세요.

Es folgt der Wetterbericht. Die Großwetterlage bleibt weiterhin unstabil. Heute kommt es im Norden zu wiederholten Regenfällen. Auch morgen wird es noch kühl und regnerisch bleiben. Im Süden scheint ab und zu die Sonne, aber auch dort steigt die Temperatur nicht über acht Grad.

(1) Im Norden kann man heute einen Ausflug mit dem Fahrrad machen. (　　)

(2) Im Süden kann man im Garten mit den Kindern spielen. (　　)

(3) Im Norden kann man morgen das Auto waschen. (　　)

(4) Im Süden kann man im Garten Tischtennis spielen. (　　)

★ Wetterbericht *m.* 일기 예보 ｜ Wetterlage *f.* 기상 상황 ｜ unstabil 불안정한 ｜ ab und zu 때때로

독일의 경제력

독일의 인구는 약 8천만 명. 인구 규모로는 세계 16위이지만 교역량 기준으로는 미국, 중국에 이어 세계 3위의 국가입니다. 이 중에서 수출 규모만을 놓고 보면, 독일이란 나라가 얼마나 대단한 나라인지 단번에 알 수 있는데 2003년부터 2008년까지 연속해서 5년간 수출 규모에 있어서 세계 1위라는 놀라운 기록을 세웠습니다.

그 내용을 들여다보면 더욱 놀랍습니다. 대부분의 나라들이 소비재를 수출하는 데 비하여, 독일의 수출은 대부분이 생산재라는 점입니다. 예를 들어, 어떤 나라가 제품을 생산하여 수출하기 위해서는 정밀 가공 기계가 필요한데, 이 값비싼 정밀 가공 기계를 독일이 그 나라에 수출하는 식입니다. 단순히 소비재를 수출하는 것과는 차원이 다르지요.

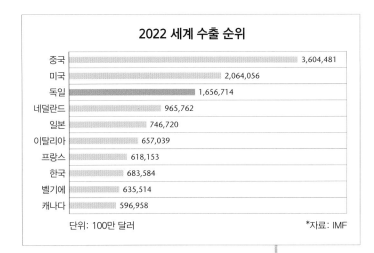

2022 세계 수출 순위

국가	수출액
중국	3,604,481
미국	2,064,056
독일	1,656,714
네덜란드	965,762
일본	746,720
이탈리아	657,039
프랑스	618,153
한국	683,584
벨기에	635,514
캐나다	596,958

단위: 100만 달러   *자료: IMF

더구나 이러한 세계 일류 제품들을 대기업이 아닌, 중소기업들이 주로 생산하고 있다는 것도 독일 경제를 부러운 눈으로 바라보게 하는 이유 중의 하나입니다. 세계 시장 점유율 1~3위를 차지하는 일류 제품을 생산하는 중소기업이 독일에는 1,300여 개나 된다고 합니다. 히든 챔피언(Hidden Champions)이라는 별칭으로도 불리는 이 중소기업이 독일 경제를 떠받치고 있는 버팀목 역할을 하고 있는 것이지요.

Wohin fährst du in Urlaub?

동영상 강의

● 의문 대명사 wer의 격 변화
- -
● 전치사와 의문 대명사의 결합
- -
● 규칙 동사의 과거형 만들기
- -
● 동사 과거형의 인칭 변화

Mit wem telefonieren Sie? 누구와 통화하세요?

Mit meiner Freundin. 제 여자 친구하고요.

● 의문 대명사 wer의 격 변화

1격	wer	Wer versteht das nicht? 누가 그것을 이해 못 합니까?
2격	wessen	Wessen Buch ist das? 누구의 책입니까?
3격	wem	Wem hilft er? 그는 누구를 돕습니까?
4격	wen	Wen fragt der Mann? 그 남자는 누구에게 질문합니까?

● 전치사와 의문 대명사의 결합

의문 대명사가 전치사와 결합하는 의문문은 대상이 사람일 때와 사물일 때를 구분하여 다르게 표현합니다. 대상이 사람일 경우에는 전치사가 요구하는 격에 의문 대명사를 맞추어 표현하고, 사물일 경우에는 'wo(r) + 전치사'의 형태로 씁니다.

spielen mit + 의문 대명사 3격: ～와/과 함께 놀다, ～을/를 가지고 놀다

대상이 사람일 때		대상이 사물일 때	
전치사 + 의문 대명사		wo(r) + 전치사	
A	**Mit wem** spielt das Kind? 아이는 누구와 놀고 있나요?	A	**Womit** spielt das Kind? 아이는 무엇을 가지고 놀고 있나요?
B	Mit seinem Vater. 아빠와 놀고 있어요.	B	Mit dem Spielzeug. 장난감을 가지고 놀아요.

warten auf + 의문 대명사 4격: ～을/를 기다리다

대상이 사람일 때		대상이 사물일 때	
전치사 + 의문 대명사		wo(r) + 전치사	
A	**Auf wen** warten Sie? 당신은 누구를 기다리고 있나요?	A	**Worauf** warten Sie? 당신은 무엇을 기다리고 있나요?
B	Auf meine Frau. 제 아내를 기다려요.	B	Auf den Bus. 버스를 기다려요.

Was hast du denn?
도대체 무슨 일이야?

Ich hatte einen Unfall.
사고가 났어.

● 규칙 동사의 과거형 만들기

동사의 과거형은 동사 어간에 -te를 붙여 만드는 규칙 동사와 단순히 암기해야 하는 불규칙 동사가 있습니다.
동사 어간이 d, t, chn, fn, gn 등으로 끝나면, -te 앞에 e를 넣어 -ete로 씁니다.

원형	과거형	예문
machen 하다	**machte** (mach + te)	Er **machte** seine Hausaufgaben. 그는 자신의 숙제를 했다.
arbeiten 일하다	**arbeitete** (arbeit + ete)	Ich **arbeitete** den ganzen Tag. 나는 하루 종일 일했다.

참고
불규칙 동사의 예

원형	과거
kommen 오다	kam
geben 주다	gab
helfen 돕다	half

● 동사 과거형의 인칭 변화

동사 과거형은 현재형과 다르게 인칭 변화를 하는데, 단수 1인칭과 3인칭에는 어미가 붙지 않는 것에 주의해야
합니다.

ich	-	wir	-en
du	-st	ihr	-t
er / sie / es	-	sie / Sie	-en

	war (sein의 과거)	hatte (haben의 과거)
Ich	**war** krank. 나는 아팠어요.	**hatte** einen Hund. 나는 개 한 마리가 있었어요.
Du	**warst** nicht da. 너는 그곳에 없었어.	**hattest** viele Freunde. 너는 친구가 많았어.
Er (sie / es)	**war** sehr nett. 그는 몹시 친절했어요.	**hatte** damals keine Zeit. 그는 그때 시간이 없었어요.
Wir	**waren** im Kino. 우리는 극장에 있었어요.	**hatten** kein Geld. 우리는 돈이 없었어요.
Ihr	**wart** zu spät. 너희들은 너무 늦었어.	**hattet** Urlaub. 너희들은 휴가였어.
Sie (sie)	**waren** noch Schüler. 그들은 아직 학생들이었어요.	**hatten** keine Wohnung. 그들은 집이 없었어요.

Wohin fährst du in Urlaub?

An die Ostsee.

Jena	Wohin fährst du in Urlaub?	예나	휴가 어디로 가니?
Peter	Diesmal will ich an die Ostsee fahren. Aber es ist noch nicht ganz sicher.	페터	이번에는 발트해로 가려고 해. 근데 아직 확정된 것은 아니야.
Jena	Warum denn?	예나	왜?
Peter	Bisher konnte ich kein Zimmer finden. Ich muss weiter suchen.	페터	아직 방을 못 구했거든. 계속 찾아야 해.
Jena	Fahren so viele Leute an die Ostsee?	예나	그렇게 많은 사람들이 발트해로 휴가를 가니?
Peter	Ja, die Ostsee ist ein sehr beliebter Urlaubsort.	페터	응, 발트해는 인기 있는 휴가지야.
Jena	Du fährst bestimmt nicht allein. Mit wem fährst du denn?	예나	혼자 가지는 않을 것 같은데. 누구랑 가니?
Peter	Mit meinen Eltern.	페터	부모님과 함께 가.

대화 TIP

- 발트해는 독일어로 '동쪽에 위치한 바다'라는 의미의 **Ostsee**로 표기합니다.

- 독일어의 형용사가 또 다른 형용사나 동사를 수식하면 부사로 사용됩니다. 이 경우에는 주로 본래의 의미가 아닌 강조의 의미를 가집니다.

  Die **ganze** Familie ist erkältet. 가족 전체가 감기에 걸렸다. (형용사)
  Du hast **ganz** recht. 네가 전적으로 옳아. (부사)

새 단어 및 표현

diesmal 〈부〉 이번에
Ostsee 〈명〉 *f.* 발트해 (동해)
ganz 〈부〉 아주, 매우
sicher 〈형〉 확실한
weiter 〈부〉 계속
beliebt 〈형〉 인기 있는
Urlaubsort 〈명〉 *m.* 휴가지
bestimmt 〈부〉 분명히
allein 〈부〉 혼자

대화 ❷   Dialog 2   076

> Mensch, Peter, was hast du denn?

> Ich hatte einen Skiunfall.

Jena	Mensch, Peter, was hast du denn?
Peter	Ich hatte einen Skiunfall.
Jena	Was war los? Erzähl mal!
Peter	Es war ein Unglückstag. Das Wetter war schlecht und ich konnte nicht so gut sehen.
Jena	Trotzdem bist du weiter Ski gefahren.
Peter	Ja, das war mein Fehler. Ich bin hingefallen, und mein Bein ist gebrochen.
Jena	Zum Glück kannst du noch laufen.

예나 세상에, 페터, 무슨 일이야?
페터 스키 타다 사고 났어.
예나 무슨 일이 있었는데? 얘기해 봐!
페터 그날은 재수가 없었어.
　　 날씨가 안 좋아서 앞을 잘 볼
　　 수가 없었거든.
예나 그런데도 불구하고 계속 스키를
　　 탔구나.
페터 응, 내 실수였지. 넘어져서 다리가
　　 부러졌어.
예나 그래도 걸을 수 있으니 다행이다.

새 단어 및 표현

Ski 몡 m. 스키
Unfall 몡 m. 사고
erzählen 동 이야기하다
Unglück 몡 n. 불행, 불운
Wetter 몡 n. 날씨
schlecht 혱 나쁜
trotzdem 뷔 그럼에도 불구하고
Fehler 몡 m. 실수
hinfallen 동 넘어지다
Bein 몡 n. 다리
gebrochen 혱 부러진
laufen 동 걷다, 달리다

대화 TIP

• **Ski**를 발음할 때 [스키]라고 하지 않고 [쉬]라고 발음하는 것에 유의합니다. **Ski** 대신에 **Schi**라고 쓰기도 합니다.

여행과 관광

das Hotel
호텔

**die Pension,
der Gasthof**
펜션

die Jugendherberge
유스호스텔

die Ferienwohnung
콘도미니엄

der Campingplatz
캠핑장

das Privatzimmer
민박

die Kreuzfahrt
크루즈

der Ausflug
소풍

die Fahrradtour
자전거 여행

das Reisebüro 여행사
der Reiseführer
여행 가이드, 여행 소개 책자
die Sehenswürdigkeiten
pl. 구경거리, 명소

der Pass 여권
die Halbpension
숙박업소에서 두 끼 식사 제공
die Vollpension
숙박업소에서 세 끼 식사 제공

여행 관련 용품

die Mütze
털모자

die Skibrille
스키 고글

der Koffer
여행용 가방

das Zelt
텐트

das Wohnmobil
캠핑카

der Rucksack
배낭

숙소 구하기

Haben Sie noch
ein Zimmer frei?

Für wann brauchen
Sie das Zimmer?

A 빈방이 있습니까?
B 언제 방이 필요하신가요?

Was für ein Zimmer
möchten Sie?

Ein Doppelzimmer
mit Dusche.

A 어떤 방을 원하십니까?
B 샤워 시설이 갖춰진 2인실이요.

B의 기타 표현

Ein Einzelzimmer mit Bad.
욕실이 있는 1인실요.

Was kostet eine
Übernachtung?

90 Euro.

A 하루 밤에 얼마입니까?
B 90유로입니다.

문법 1 빈칸에 sein 동사와 haben 동사의 알맞은 과거형을 넣어 대화를 완성하세요.

(1) A Wie geht es den Kindern?

B Jetzt wieder gut, sie _____ beide Grippe und

_____ drei Tage nicht in der Schule.

(2) A Was war los?

B Ich _____ einen Autounfall.

(3) A Warum sprichst du nicht mehr mit Peter? _____ ihr Streit?

B Ja.

2 현재 시제 문장을 과거 시제로 바꿔 쓰세요.

(1) Er besucht seine Eltern in Berlin. (besuchen)

→ _____

(2) Hanna macht die Tür auf. (aufmachen)

→ _____

(3) Ich helfe gern meiner Mutter. (helfen)

→ _____

(4) Mein Freund gibt mir ein Geschenk. (geben)

→ _____

(5) Ihr kommt zu spät. (kommen)

→ _____

3 주어진 답변에 해당하는 의문사를 넣어 대화를 완성하세요.

(1) A _____ telefonierst du?

B Mit meinem Freund.

(2) A _____ wartest du?

B Auf ein Paket.

(3) A _____ warten Sie jetzt?

B Auf meine Frau.

● 녹음을 듣고 질문에 알맞은 답을 고르세요.

(1) Worauf wartet Christine?　　　(　　　　　)

(2) Womit fährst du nach Hause?　　(　　　　　)

(3) Mit wem geht ihr ins Kino?　　　(　　　　　)

(4) Womit spielt das Kind?　　　　　(　　　　　)

079

읽기 ● 주어진 동사의 과거형을 넣어 아래 글을 완성하세요.

Die Familie in Deutschland früher

Man (1) _____ (arbeiten) sehr früh.

Nur der Mann (2) _____ (verdienen) Geld.

Die Familien (3) _____ (haben) viele Kinder.

Der Mann (4) _____ (helfen) nie im Haushalt.

Nur wenige Frauen (5) _____ (lernen) einen Beruf.

Die Großeltern (6) _____ (leben) meistens bei den Kindern.

Keine unverheirateten Paare (7) _____ (leben) zusammen.

Der Mann (8) _____ (sein) der Herr im Haus.

★ verdienen 돈을 벌다 | Haushalt *m.* 가계 | unverheiratet 미혼의 | Paar *n.* 짝, 커플 | Herr *m.* 주인

홀로코스트 Holocaust

홀로코스트에 대해 들어 보셨나요?
홀로코스트란 제2차 세계 대전 중 히틀러가 이끈 나치당이 독일과 독일 점령지에서 계획적으로 약 6백만 명의 유태인을 학살한 사건을 말합니다. 역사 속 상처로 남은 홀로코스트에 대해 자세히 알아봅시다.

반유대주의(Antisemitismus)는 그 뿌리가 깊습니다. 그리스·로마 시대 때부터 있었고, 로마 제국이 기독교로 개종된 이후로는 메시아를 죽인 민족이라고 하여 배척하였습니다. 초기 자본주의와 산업 혁명 시기에는 금융을 장악한 유대인에 대한 질시를 바탕으로 자본가의 착취에 대한 노동자들의 분노를 교묘하게 유대인에게 전가함으로써 반유대주의는 더욱 강고해졌습니다. 이러한 반유대주의의 절정이 마침내 나치에 의해 집단 학살로 이어지게 된 것이지요.

▶ 아우슈비츠(Auschwitz) 강제 수용소 정문
아우슈비츠는 나치의 집단 수용소(KZ) 중
가장 큰 규모의 수용소입니다.

◀ 아우슈비츠 강제 수용소의 유대인들

1970년 12월 서독의 빌리 브란트 총리(1969~1974)는 바르샤바 게토 저항 운동 기념관에 헌화하면서 사죄의 뜻으로 무릎을 꿇었습니다. 바르샤바 게토는 단일 지역으로는 제일 많은 약 30만 명의 유대인이 가스실로 보내져 학살된 곳입니다. 동방 정책(Ostpolitik)을 주도하던 브란트 총리는 상징적인 이 한 장의 사진으로 전 세계로부터 진정성을 인정받게 됩니다. 브란트 총리는 동유럽 공산권과의 유화 정책인 동방 정책으로 독일 통일의 기틀을 마련한 공로를 인정받아 노벨 평화상을 수상하였습니다.

Was hast du am Wochenende gemacht?

● 현재 완료

● 과거 분사 형태

Was hast du gestern Nachmittag gemacht?
어제 오후에 뭐 했니?

Ich bin einkaufen gegangen.
쇼핑하러 갔어.

● 현재 완료

독일어는 지나간 일을 표현할 때 동사의 과거형과 현재 완료를 사용합니다. 과거형은 대개 쓰는 글에서 사용하며, 회화에서는 주로 현재 완료형을 사용하여 과거의 시제를 나타내게 됩니다. 현재 완료는 sein 또는 haben을 조동사로 사용합니다.

> **sein + 과거 분사**

① 자동사 중에서 장소의 이동이나 상태의 변화를 나타내는 경우

이동 동사	과거 분사	상태 변화 동사	과거 분사
kommen 오다	**gekommen**	aufstehen 아침에 일어나다	**aufgestanden**
fahren 타고 가다	**gefahren**	wachsen 성장하다	**gewachsen**
steigen 오르다	**gestiegen**	frieren 얼다	**gefroren**
fallen 떨어지다	**gefallen**	sterben 죽다	**gestorben**
reisen 여행하다	**gereist**		

Wir sind ins Ausland gereist. 우리는 해외로 여행을 갔어.

Mein Großvater ist vor 3 Jahren gestorben.
나의 할아버지는 3년 전에 돌아가셨어요.

> **주의**
> 주어 + 조동사 + 기타 성분 + 과거 분사
> 독일어는 현재 완료처럼 '조동사 + 본동사'로 쓰는 경우에 본동사는 반드시 문장의 맨 끝에 위치시켜야 합니다.

② 그 밖의 자동사들

이동이나 상태 변화 동사 외에 sein 동사와 결합하여 현재 완료를 만드는 동사들이 있는데, 이런 동사들은 외워서 기억해야 합니다. sein(~이다), werden(~이/가 되다), bleiben(머물다)등의 동사가 이에 해당합니다.

Der Mann ist reich gewesen. 그 남자는 부자였어요.

Alle Kinder sind zu Hause geblieben. 모든 아이들은 집에 머물러 있었어요.

> **haben + 과거 분사**

sein 동사와 결합하는 경우를 제외한 대부분의 동사

Gestern hat es stark geregnet. 어제 비가 세차게 내렸습니다.

Mit wem hast du telefoniert?
누구랑 통화했니?

Mit einer Freundin.
친구랑.

● 과거 분사 형태

동사의 과거 분사형도 과거형과 마찬가지로 규칙적인 형태를 가지는 규칙 동사와 불규칙적으로 변화하기 때문에 외워서 기억해야 하는 불규칙 동사가 있습니다. 규칙 동사는 언제나 다음과 같은 형태를 취합니다.

규칙 동사

① ge + 동사 어근 + t

  Wo haben Sie Deutsch **gelernt**? 독일어를 어디에서 배웠나요?

  Wir haben gestern einen Ausflug **gemacht**. 우린 어제 소풍을 갔어요.

  Wer hat das Fenster **aufgemacht**? 누가 창문을 열었나요?

> **주의**
> 분리 접두어 + ge + 동사 어근 + t
> 분리 동사의 경우에는 ge를 분리 접두어와 동사 어근 사이에 넣어야 합니다.

② 동사 어근 + t

  다음의 두 가지 경우에는 과거 분사 형태를 만들 때 ge를 넣지 않습니다.

  • -ieren으로 끝나는 동사

    Ich habe lange mit meinem Mann **telefoniert**. 제 남편과 오래 통화했어요.

    Sie hat Anglistik **studiert.** 그녀는 영문학을 전공했습니다.

  • 비분리 접두어(be, ge, er, ver, zer, miss, ent, emp)로 시작하는 동사

    비분리 동사의 경우는 규칙 동사나 불규칙 동사에 상관없이 과거 분사형에서 ge를 넣지 않습니다.

    규칙 동사 Ich habe gerade ein Buch **bestellt**. 방금 책 한 권을 주문했어요.

    불규칙 동사 Leider hat er das nicht **verstanden**. 유감스럽게도 그는 그것을 이해하지 못했어요.

> **참고**
> 규칙 동사는 과거 분사가 t로 끝나지만, 불규칙 동사의 과거 분사는 -en으로 끝납니다.
>
> helfen (돕다) → geholfen   sehen (보다) → gesehen
> geben (주다) → gegeben   beginnen (시작하다) → begonnen
> sprechen (말하다) → gesprochen   schlafen (자다) → geschlafen
> lesen (읽다) → gelesen   gehen (가다) → gegangen
>
> ※ 이 외에도 많은 불규칙 동사들이 있는데 반드시 외워야 합니다. p.234 참조

Was hast du am Wochenende gemacht?

Am Samstag bin ich einkaufen gegangen.

Minho	Was hast du am Wochenende gemacht?
Anna	Am Samstag bin ich einkaufen gegangen. Ich kaufe immer für die ganze Woche ein.
Minho	Und am Sonntag?
Anna	Am Sonntag habe ich fleißig gelernt. Ich habe eine wichtige Prüfung in dieser Woche. Und du?
Minho	Ich hatte Besuch. Wir sind zusammen im Park Fahrrad gefahren. Danach waren wir im Kino.
Anna	Was habt ihr gesehen?
Minho	Das war ein Horrorfilm und es war wirklich spannend.

민호	주말에 뭐 했니?
안나	토요일에는 장을 봤어. 나는 항상 일주일을 위해 한꺼번에 사거든.
민호	그럼 일요일에는?
안나	일요일에는 열심히 공부를 했지. 이번 주에 중요한 시험이 있거든. 넌?
민호	손님이 왔었어. 우리는 함께 공원에서 자전거를 탔어. 그리고 극장에 갔어.
안나	무슨 영화를 봤는데?
민호	공포물이었는데 아주 흥미진진했어.

대화 TIP

- 독일어는 명사 앞에 위치하는 전치사가 특정한 격을 요구합니다. 전치사 **für** 다음에 오는 명사는 언제나 4격의 형태를 써야 합니다.

  Das Geschenk ist **für meine** Freundin. 이 선물은 내 여자 친구를 위한 것이야.
  Rauchen ist schlecht **für die** Gesundheit. 담배는 건강을 위해 좋지 않아요.

- '이', '이것'을 의미하는 지시 대명사 **dieser**는 명사 앞에서 정관사 어미 변화를 합니다.

새 단어 및 표현

für 전 ~을/를 위해서
wichtig 형 중요한
Besuch 명 m. 방문객
Horrorfilm 명 m. 공포 영화
wirklich 부 정말로
spannend 형 흥미진진한

Minho	Bist du gut in Paris angekommen?
Jena	Ja.
Minho	Wie lange hat der Flug gedauert?
Jena	Ungefähr anderthalb Stunden. Ich habe schon viel gesehen. Kai hat mir heute Nachmittag die Altstadt gezeigt.
Minho	Und? Wie ist die Stadt?
Jena	Paris ist wirklich eine schöne Stadt, aber viel kleiner als Seoul.
Minho	Und was hast du morgen vor?
Jena	Morgen will ich das Schloss Versailles besichtigen.

민호	파리에 잘 도착했어?
예나	응.
민호	비행 시간은 얼마나 걸렸니?
예나	대략 1시간 반 정도. 벌써 많은 것을 봤어. 카이가 오늘 오후에 구시가지를 보여 줬거든.
민호	그래? 도시가 어때?
예나	파리는 정말 아름다운 도시이기는 한데 서울보다는 훨씬 작아.
민호	내일은 계획이 어떻게 돼?
예나	내일은 베르사유 궁전을 구경할 거야.

새 단어 및 표현

ankommen 동 도착하다
Flug 명 *m.* 비행
dauern 동 시간이 걸리다
ungefähr anderthalb Stunden
대략 한 시간 반 정도
ungefähr 부 대략
anderthalb 수 1과 2분의 1
Altstadt 명 *f.* 구시가지
zeigen 동 보여 주다
viel kleiner 훨씬 더 작은
Schloss 명 *n.* 성, 궁궐
besichtigen 동 구경하다

대화 TIP

• **ankommen**은 기본 동사 **kommen**(오다)에 3, 4격을 요구하는 전치사인 **an**이 결합된 분리 동사입니다. 분리 동사는 분리 접두어의 의미와 기본 동사의 의미가 합쳐져서 새로운 동사가 만들어지는 것입니다. 전치사 **an**은 '거의 닿는다'는 의미를 가지고 있어, **ankommen**은 '와서 닿는다', 즉 '도착하다'는 뜻을 가진다고 이해하면 됩니다.

가전제품

Fernseher

m. 텔레비전

Computer

m. 컴퓨터

Waschmaschine

f. 세탁기

Geschirrspüler *m.*
Spülmaschine *f.*

식기 세척기

Klimaanlage

f. 에어컨

Lautsprecher

m. 스피커

**Gasherd /
Elektroherd**

m. 가스레인지 / *m.* 전기 레인지

Kühlschrank

m. 냉장고

Mikrowelle

f. 전자레인지

Staubsauger

m. 진공청소기

Backofen

m. 오븐

Bügel

m. 다리미

Ventilator

m. 선풍기

Kaffeemaschine

f. 커피 머신

상대방의 말에 반응하기 ①

> Er sagt, ich sei zu dick.
>
> Das ist doch Quatsch!

A 내가 너무 뚱뚱하대.
B 말도 안 돼!

B의 기타 표현

Ach du lieber Gott! 원, 세상에!

Ach du meine Güte! 저런, 세상에!

Das gibt es ja gar nicht!
있을 수 없는 일이에요!

> Kommst du morgen oder übermorgen?
>
> Das ist mir egal.

A 너 내일 아니면 모레 올래?
B 난 상관없어.

> Ich habe mein Handy wieder gefunden!
>
> Gott sei Dank!

A 휴대폰 다시 찾았어!
B 다행이야!

문법   **1**   주어진 표현을 활용하여 질문에 대한 답을 현재 완료로 하세요.

Was haben Sie am letzten Wochenende gemacht?

(1) lange schlafen

_____

(2) eine E-Mail schreiben

_____

(3) zum Abendessen mit Freunden ins Restaurant gehen

_____

(4) einen Film im Fernsehen sehen

_____

2   주어진 문장을 보기 와 같이 현재 완료로 바꾸세요.

보기   Hörst du oft Musik? →   <u>Hast du oft Musik gehört?</u>

(1) Machen Sie das Fenster zu?   → _____

(2) Gehen Sie zur Bank?   → _____

(3) Verstehen Sie mich nicht?   → _____

3   주어진 단어로 현재 완료 시제 문장을 만드세요.

(1) eine Pizza – er – bestellen

_____

(2) gestern Abend – bleiben – ich – zu Hause

_____

(3) du – gestern – spazieren gehen

_____

Mara가 토요일에 한 일입니다. 녹음을 듣고 순서대로 번호를 쓰세요.

(1) 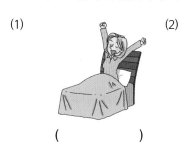 ( )

(2)  ( )

(3)  ( )

(4)  ( )

(5)  ( )

(6) ( )

빈칸에 주어진 동사를 현재 완료 형태로 넣어 글을 완성하세요.

Lieber Toni,

Was für ein schrecklicher Tag! Der Wecker (1) _____ nicht

_____ (klingeln) und ich (2) _____

_____ (verschlafen). Ich (3) _____ nicht

_____(frühstücken) und (4) _____ zur

U-Bahnstation _____ (laufen). Aber ich (5) _____

trotzdem die U-Bahn _____ (verpassen).

Natürlich (6) _____ ich zu spät zur Arbeit _____

(kommen). Mein Chef (7) _____ _____

(schimpfen). Ich hoffe, es passiert nie wieder.

Schöne Grüße

Nina

★ schrecklich 끔찍한 | Wecker *m.* 자명종 | klingen 울리다 | verschlafen 늦잠 자다 | verpassen 놓치다 | schimpfen 나무라다

백조의 성
Schloss Neuschwanstein

'잠자는 숲속의 공주' 동화 속 배경인 노이슈반슈타인 성

▲ 루드비히 2세
Ludwig II. Otto Friedrich Wilhelm
von Wittelsbach, König von Bayern

'동화의 성'이라고도 불리는 백조의 성은 독일 남부 바이에른 주에 있는 퓌센(Füssen)에 위치해 있습니다. 이 성은 디즈니랜드 성의 실제 모델입니다. 바이에른 왕국의 왕이었던 루드비히 2세(Ludwig II)가 1869년에 이 성을 건축하기 시작했습니다. 루드비히 2세는 당대의 유명한 음악가 리하르트 바그너 오페라의 열렬한 숭배자였고, 이 성도 바그너의 오페라 '로엔그린'에 나오는 백조의 전설에서 모티브를 얻었습니다. 정치에는 무관심하고 음악과 성의 건축에만 열을 올린 그는 국고를 낭비하고 엄청난 빚을 지게 되어 주변으로부터 많은 비난을 받게 됩니다. 게다가 정신적으로 불안정했던 루드비히 2세는 마침내 통치 능력을 상실하고 왕위에서 폐위됩니다. 그는 폐위 3일 만에 슈타른베르거 호수(Starnberger See)에서 의문의 익사체로 발견되고, 성은 오늘날까지 미완성인 채로 남아 있습니다. 바이에른 왕국의 재정을 파탄으로 몰아갔던 노이슈반슈타인 성은 현재 독일의 대표적인 관광 명소가 되어, 매년 130만 명 이상의 관광객을 끌어들이고 있습니다.

또 독일에는 비운의 왕 루드비히 2세의 모습과 세계에서 가장 아름다운 성으로 꼽히는 백조의 성의 모습을 담은 많은 기념품들이 있습니다. 루드비히 2세의 사망 백 주기를 기념하여 1986년에 발행된 우표 속에는 그의 모습이 그려져 있고, 2012년 독일에서 발행된 2유로짜리 동전 뒷면에는 백조의 성이 새겨져 있습니다.

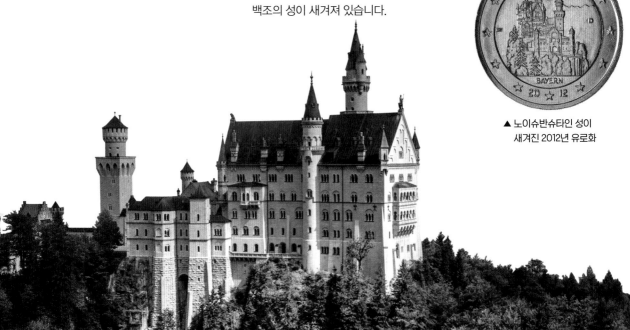

▲ 노이슈반슈타인 성이
새겨진 2012년 유로화

Ich hätte gern Tomaten.

- 화법 조동사의 과거
- 이유를 나타내는 종속 접속사 weil
- 접속법 2식

**Ich wollte kommen,
aber ich konnte nicht.**
가려고 했는데 갈 수가 없었어.

Warum denn nicht?
왜 올 수가 없었는데?

● 화법 조동사의 과거

화법 조동사의 과거 형태는 **mögen**을 제외하고는 규칙 동사와 유사한 과거 형태의 변화를 합니다. 원형에 움라우트가 있는 동사는 움라우트를 빼고 규칙 동사 변화형처럼 동사 어근에 **-te**를 붙이고 일반 동사의 과거와 동일하게 인칭 변화를 합니다. 화법 조동사는 지나간 시제를 표현할 때 현재 완료형보다 주로 과거형을 사용합니다.

	können 할 수 있다	dürfen 해도 된다	müssen ~해야만 한다	wollen ~하고자 한다	sollen 당연히 해야 한다	mögen 좋아한다
ich	konnte	durfte	musste	wollte	sollte	mochte
du	konntest	durftest	musstest	wolltest	solltest	mochtest
er / sie / es	konnte	durfte	musste	wollte	sollte	mochte
wir	konnten	durften	mussten	wollten	sollten	mochten
ihr	konntet	durftet	musstet	wolltet	solltet	mochtet
sie / Sie	konnten	durften	mussten	wollten	sollten	mochten

● 이유를 나타내는 종속 접속사 weil

weil은 '~때문에'라는 뜻으로 이유를 나타내는 종속 접속사입니다. 종속 접속사가 이끄는 문장은 후치 문장으로 주어에 따라서 변하는 동사를 문장의 맨 끝에 위치시킵니다.

주문장일 때	부문장일 때
Er war sehr krank. 주어 동사 기타 문장 성분	weil er sehr krank war. 종속 접속사 주어 기타 문장 성분 동사

종속 접속사가 이끄는 부문장을 먼저 쓸 경우에는 뒤에 오는 주문장을 도치시킵니다.

Ich bin sehr müde, **weil** ich viel arbeite. 난 몹시 피곤해. 일을 많이 하기 때문이야.

Weil ich viel arbeite, **bin ich** sehr müde. 일을 많이 하기 때문에 난 몹시 피곤해.

> **참고**
> 분리 동사는 부문장에서 분리되지 않고 문장의 맨 끝에 위치하는 것에 주의해야 합니다.

Was brauchen Sie?
무엇이 필요하십니까?

Ich hätte gern Orangen.
오렌지를 사려고 해요.

● 접속법 2식

독일어의 접속법은 1식과 2식으로 구분되는데, 1식은 동사의 현재형을, 2식은 동사의 과거형을 기본으로 어미 변화를 합니다. 1식은 기원문이나 간접 화법에서, 2식은 회화에서 많이 사용됩니다.

인칭에 따른 형태

	어미 변화	규칙 동사	불규칙 동사
ich	-e	machte	ginge
du	-est	machtest	gingest
er / sie / es	-e	machte	ginge
wir	-en	machten	gingen
ihr	-et	machtet	ginget
sie / Sie	-en	machten	gingen

불규칙 동사 중 어간에 a, o, u가 있는 경우: ä, ö, ü

	war	hatte	wurde
ich	wäre	hätte	würde
du	wär(e)st	hättest	würdest
er / sie / es	wäre	hätte	würde
wir	wären	hätten	würden
ihr	wär(e)t	hättet	würdet
sie / Sie	wären	hätten	würden

> **참고**
> 규칙 동사는 직설법의 과거 인칭 변화와 접속법 2식의 인칭 변화가 같기 때문에 분명히 구분하기 위해서 'würde + 동사 원형'의 형태를 선호합니다.
> Ich **kaufte** mir gern einen neuen Computer, wenn ich genug Geld hätte.
> = Ich **würde** mir gern einen neuen Computer **kaufen**, wenn ich genug Geld hätte.
> 나에게 돈이 충분히 있다면 기꺼이 새 컴퓨터 한 대를 살 텐데.

접속법 2식의 용법

비현실 가정이나 소망, 정중한 표현은 접속법 2식을 사용하며 일상 회화에서 많이 사용됩니다.

① 비현실적인 가정이나 소망

Wenn ich Geld **hätte, würde** ich das Auto kaufen. 내가 돈이 있다면 저 차를 살 텐데.

Wenn ich gesund **wäre, würde** ich gern mitkommen. 내가 건강하다면 함께 갈 텐데.

② 정중한 표현

Ich **hätte** gern ein Glas Bier. = Ich **möchte** gern ein Glas Bier.
맥주 한 잔을 원합니다.

Könnten Sie mir sagen, wo eine Apotheke ist?
약국이 어디에 있는지 말해 줄 수 있나요?

> **참고**
> wenn은 '만약 ~라면'이라는 뜻으로 접속법 2식과 결합하면 가정문을, 직설법과 결합하면 조건을 나타내는 종속 접속사입니다.

Warum denn nicht?

Weil meine Mutter plötzlich krank war, musste ich sie ins Krankenhaus bringen.

Anna   Hallo, Peter. Ich habe dich gestern vermisst.

Peter   Hallo, Anna. Ich wollte auch zur Party kommen, aber ich konnte nicht.

Anna   Warum denn nicht?

Peter   Weil meine Mutter plötzlich krank war, musste ich sie ins Krankenhaus bringen.

Anna   Das tut mir leid. Ist deine Mutter wieder gesund?

Peter   Nein, sie muss noch ein paar Tage im Krankenhaus bleiben.

안나	안녕, 페터. 어제 네가 안 와서 서운했어.
페터	안녕, 안나. 나도 파티에 가려고 했는데, 갈 수가 없었어.
안나	왜 올 수가 없었어?
페터	어머님이 갑자기 편찮으셨기 때문에 병원에 모시고 가야만 했어.
안나	유감이야. 어머님은 이제 괜찮으시니?
페터	아니, 며칠 더 병원에 계셔야 해.

대화 TIP

• 화법 조동사의 의미가 분명할 때는 주로 본동사를 생략합니다. 예를 들어, **Ich kann gut Deutsch.**(난 독일어를 잘할 수 있어.)라고 표현하면 대화를 주고받는 사이에서 **sprechen** 동사가 생략되었음을 서로 당연하게 받아들이기 때문입니다. 위의 대화에 나온 **aber ich konnte nicht**의 경우에는 앞 문장의 **kommen**을 굳이 반복할 필요가 없으므로 생략된 것입니다.

• **ein paar** + 복수 명사: 몇몇의

   ein paar Bücher 몇 권의 책   in **ein paar** Tagen 며칠 내로

   ein paar Leute 몇몇 사람들

새 단어 및 표현

vermissen 동
누가 없음을 아쉬워하다
plötzlich 분 갑자기
gesund 형 건강한
noch ein paar Tage 며칠 더
ein paar 수 몇몇의
bleiben 동 머무르다

188

대화 ② Dialog 2

086

Möchten Sie
noch etwas?

Nein danke,
das ist alles.

Verkäufer	Guten Tag! Kann ich Ihnen helfen?
Jena	Haben Sie Tomaten?
Verkäufer	Ja, wie viel brauchen Sie?
Jena	Was kostet ein Kilo Tomaten?
Verkäufer	Ein Kilo Tomaten kostet 2 Euro.
Jena	Dann hätte ich gern zwei Kilo, bitte.
Verkäufer	Möchten Sie noch etwas?
Jena	Nein danke, das ist alles.

판매원	안녕하세요. 도와드릴까요?
예나	토마토 있어요?
판매원	예, 얼마나 필요하신데요?
예나	토마토 1킬로에 얼마예요?
판매원	토마토 1킬로에 2유로입니다.
예나	그럼 2킬로 주세요.
판매원	그 밖에 더 원하는 것이 있나요?
예나	아뇨, 고맙습니다. 그게 전부예요.

대화 TIP

- 화법 조동사 **mögen**의 과거형은 **mochte**이고, **möchte**는 **mögen**의 접속법 2식의 형태로 '~을/를 원하다, 하고 싶다'라는 의미입니다.

ich	möchte	wir	möchten
du	möchtest	ihr	möchtet
er / sie / es	möchte	sie / Sie	möchten

- 위의 대화에서 **Möchten Sie noch etwas?** 대신에 **Sonst noch etwas?**도 아주 많이 사용되는 표현이며 **sonst**는 '그 밖에'라는 뜻입니다.

- 가격을 묻는 대화에서 구입한 물건의 수가 복수이면 **kosten**으로 표현하는 것에 주의합니다.
  Was **kostet 1 Kilo** Kartoffeln? 감자 1킬로는 얼마입니까?
  Was **kosten 2 Kilo** Kartoffeln? 감자 2킬로는 얼마입니까?

새 단어 및 표현

Tomate 통 *f.* 토마토
Was kostet/kosten ~?
~의 가격이 얼마예요?
kosten 통 값이 얼마이다
Kilo 명 *n.* 킬로(Kilogramm의 약자)
Euro 명 *m.* 유로
Ich hätte gern ~. ~을/를 원해요.
noch 부 아직, 더
alles 대 전부

과일류

Apfel
m. 사과

Orange
f. 오렌지

Birne
f. 배

Ananas
f. 파인애플

Traube
f. 포도

Wassermelone
f. 수박

Pfirsich
m. 복숭아

Erdbeere
f. 딸기

Banane
f. 바나나

Kirsche
f. 체리

채소류

Karotte
f. 당근

Chinakohl
m. 배추

Kartoffel
f. 감자

Zwiebel
f. 양파

Knoblauch
m. 마늘

Gurke
f. 오이

Zucchini
f. 애호박

Rettich
m. 무

상대방의 말에 반응하기 ②

안심시키기, 위로하기

> Ich habe die Prüfung nicht geschafft.

> Keine Sorge! Das ist nicht so schlimm.

A 시험에 떨어졌어요.
B 걱정 말아요! 그렇게 심각한 일 아니에요.

B의 기타 표현

Machen Sie sich keinen Gedanken.
걱정하지 말아요.

Kopf hoch! Das ist nicht so schlimm.
힘내요! 그렇게 심각한 일 아니에요.

놀라움

> Ich habe den ersten Preis bekommen!

> Wirklich?

A 나 일등 상 받았다!
B 정말이야?

B의 기타 표현

Echt? 진짜?
Tatsächlich? 정말이야?
Unglaublich! 믿을 수가 없어!

진정시키기

> Das ist schrecklich.

> Beruhigen Sie sich!

A 끔찍해요.
B 진정하세요!

 1 빈칸에 주어진 화법 조동사의 과거 형태를 인칭에 맞게 바꿔 문장을 완성하세요.

(1) Ihr _____ nicht weggehen. (dürfen)

(2) Gestern _____ wir schwimmen gehen. (wollen)

(3) Damals _____ du gut Klavier spielen. (können)

(4) Er _____ seine Hausaufgaben machen. (müssen)

2 보기와 같이 주어진 사실과 반대되는 소망을 쓰세요.

> 보기
> Ich habe kein Geld bei mir.
> → _Wenn ich doch Geld bei mir hätte!_

(1) Du bist nicht hier.

→ _____

(2) Wir haben wenig Zeit.

→ _____

(3) Ich habe keinen Führerschein.

→ _____

(4) Sie kann mir nicht helfen.

→ _____

3 주어진 단어를 사용하여 질문에 답하세요.

(1) A Warum kommst du nicht mit ins Kino?

   B Weil _____.

   (mögen – ich – nicht – den Film)

(2) A Warum geht ihr zum Bahnhof ?

   B Weil _____.

   (unsere – wollen – wir – Eltern – abholen)

● 녹음을 듣고 빈칸에 알맞은 말을 넣어 접속법 2식의 공손한 표현을 만드세요.

089

(1) _____ du bitte noch mal _____?

(2) _____ Sie bitte einen Moment _____?

(3) _____ du mir den Stift _____?

(4) _____ Sie mir bitte den Weg _____?

● 빈칸에 알맞은 동사를 넣어 글을 완성하세요.

wäre   würde   hätte   wäre   hätte   möchte   könnte

Mein Traum

Ich träume jeden Tag das Gleiche: Wenn ich viel Geld (1) _____,
bräuchte ich nicht mehr zu arbeiten. Dann (2) _____ ich viel Zeit
und gern (3) _____ ich ins Ausland reisen. Am liebsten
(4) _____ ich in Deutschland. Davon habe ich immer geträumt. Da
(5) _____ ich zuerst deutsches Bier und deutsche Würste probieren.
Danach will ich die Stadt Berlin besichtigen. Weil sie die Hauptstadt von
Deutschland ist, gibt es dort sicher viele Sehenswürdigkeiten. Wenn das
wirklich wahr werden (6) _____, (7) _____ ich unheimlich
glücklich.

독일의 기후

독일의 기후는 지역에 따라 다소 차이가 있기는 하지만, 온난 다습한 해양성 기후와 사계절이 뚜렷한 대륙성 기후의 중간 형태를 띠고 있습니다. 연중 편서풍의 영향으로 겨울에도 날씨가 비교적 온화한 편이지만 비가 자주 내리기 때문에 실제로 체감하는 기온은 이보다 훨씬 더 낮게 느껴집니다.

Frühling
Sommer
Herbst
Winter

아프릴베터

10월 중순부터 4월 말까지는 거의 햇빛을 보기 힘들 정도로 저기압인 날씨가 잦아서, 혈압이 낮은 사람들의 경우에는 아침에 일어나는 것이 힘듭니다. 독일의 봄은 늦게 시작되고 여름은 짧은 편입니다. 6월까지도 샤프켈테(Scharfkälte)라고 불리는 매서운 추위가 종종 급습하고, 연중 갑자기 비가 오는 날이 많으며 날씨가 변덕을 부립니다. 날씨의 변화가 가장 극심하게 나타나는 4월을 가리켜 아프릴베터(Aprilwetter)라고 부르는데 '변덕스러운 날씨'를 의미합니다. 비가 오고 비바람이 몰아쳤다가 금방 해가 나고 다시 우

박이 쏟아지기도 하는 등 하루에 사계절을 한꺼번에 체험할 정도로 변화무쌍한 4월의 날씨를 가리키는 아프릴베터는 종종 '변덕스러운 여자의 마음'에 비유되기도 합니다.

황금의 시월

대체로 흐린 날이 많고 햇빛이 강하지 않아서 한국에서와 같은 선명한 단풍을 구경하기는 어렵지만, 10월을 '황금의 시월(Goldener Oktober)'이라는 애칭으로 부르는 것에서 알 수 있듯이 황금색으로 물든 독일의 단풍도 한국의 단풍 못지않게 아름답습니다.

햇볕을 보기가 힘든 긴 겨울을 보내는 독일인들은 날씨가 화창해지기 시작하는 5월부터 해가 나는 날이면 공원이나 강가의 잔디밭에서 일광욕을 즐깁니다.

Ich freue mich schon auf die Reise.

동영상 강의

- 재귀 동사
- 재귀 대명사의 격
- 전치사와 함께 쓰이는 재귀 동사
- 부정 대명사 etwas, nichts + 형용사

**Bitte,
setzen Sie sich!**
앉으세요!

Danke!
고마워요!

● 재귀 동사

목적어를 가지는 타동사는 주어와 목적어가 서로 다른 사람이나 대상을 가리키는 것이 일반적입니다. 그런데 타동사의 주어와 목적어가 같은 경우에 우리는 이 동사를 재귀 동사라고 부릅니다.

Meine Mutter wäscht mich. 엄마가 나를 씻겨 준다.
(waschen: 타동사 / mich: 4격 목적어)

Ich wasche mich. 나는 씻는다.
(waschen: 재귀 동사 / mich: 재귀 대명사)

● 재귀 대명사의 격

재귀 동사의 목적어가 되는 대명사를 재귀 대명사라고 합니다. 재귀 대명사는 3격과 4격의 형태가 있는데, 1인칭과 2인칭은 재귀 대명사와 인칭 대명사의 형태가 동일합니다. 존칭 **Sie**와 3인칭 단수와 복수의 형태는 모두 **sich**입니다.

	ich	du	er / sie / es		wir	ihr	sie / Sie	
	인칭 = 재귀		인칭	재귀	인칭 = 재귀		인칭	재귀
3격	mir	dir	ihm / ihr / ihm	sich	uns	euch	ihnen / Ihnen	sich
4격	mich	dich	ihn / sie / es	sich	uns	euch	sie / Sie	sich

재귀 대명사는 대개 4격으로 쓰지만, 문장 안에 다른 4격 목적어가 있을 경우에는 3격으로 쓰입니다.

① **재귀 대명사가 4격으로 쓰일 때**

　　Ich ziehe **mich** an. 나는 옷을 입는다.

② **재귀 대명사가 3격으로 쓰일 때**

　　Ich ziehe **mir** einen Pullover an. 나는 스웨터를 입는다.

> **주의**
> 인칭 대명사 존칭 Sie와 관련된 형태는 전부 대문자로 쓰지만 재귀 대명사는 소문자로 씁니다.

Hast du morgen etwas vor?
너는 내일 무슨 계획이 있니?

Nein, nichts Besonderes.
아니, 특별한 것 없는데.

● 전치사와 함께 쓰이는 재귀 동사

재귀 동사가 특정한 전치사와 결합하는 경우에는 외워서 함께 기억해야 합니다. '기쁘게 하다'의 뜻을 가진 freuen은 재귀 동사로 사용되면 '기뻐하다'라는 뜻이 되고 전치사 auf와 결합하여 'sich freuen auf + 4격'은 '~을/를 고대하다'라는 의미가 됩니다.

Ich **freue mich auf** die Ferien. 나는 방학을 고대한다.
Du **freust dich auf** die Ferien. 너는 방학을 고대한다.
Er/Sie **freut sich auf** die Ferien. 그/그녀는 방학을 고대한다.

그 밖에 전치사와 함께 사용되는 재귀 동사의 몇 가지 예를 들면 다음과 같습니다.

> **주의**
>
> 사전에서 재귀 동사는 'sich + 타동사'의 형태로 표시되는데, 이는 3인칭 단수의 재귀 대명사가 sich이기 때문입니다. 동사 중에는 타동사와 재귀 동사 두 가지로 모두 쓰이는 동사도 있지만, sich verabreden(약속하다)이나 sich erkälten(감기에 걸리다)처럼 재귀 동사로만 사용되는 동사도 있습니다.

sich freuen **über** + 4격 ~에 대해서 기뻐하다	Sie hat sich **über** die E-Mail gefreut. 그녀는 그 이메일에 대해서 기뻐했다.
sich erinnern **an** + 4격 ~을/를 기억하다	Er erinnert sich **an** seine Kindheit. 그는 자신의 유년 시절을 기억한다.
sich interessieren **für** + 4격 ~에 관심이 있다	Ich interessiere mich **für** moderne Kunst. 나는 현대 미술에 관심이 있다.
sich unterhalten **mit** + 3격 ~와/과 이야기하다	Wir unterhalten uns **mit** den Kindern. 우리는 그 아이들과 대화를 한다.
sich ärgern **über** + 4격 ~에 대해서 화를 내다	Ich ärgere mich **über** ihn. 나는 그 남자에 대해 화가 난다.

● 부정 대명사 etwas, nichts + 형용사

부정 대명사 etwas(어떤 것)와 nichts(아무것도 아닌 것)를 수식하는 형용사는 반드시 부정 대명사 뒤에 위치합니다. 이때 주의할 것은 형용사의 첫 글자를 대문자로 쓰고, 형용사의 어미는 중성 정관사 변화를 합니다. 부정 대명사는 주로 1격과 4격으로 쓰입니다.

1격	etwas Gutes 좋은 것	nichts Neues 새롭지 않은 것
4격	etwas Gutes	nichts Neues

Wann fliegen Sie ab?

Am nächsten Montag. Ich freue mich schon auf die Reise.

Anna	Guten Tag!
Professor Bauer	Guten Tag! Setzen Sie sich bitte!
Anna	Danke.
Professor Bauer	Wissen Sie schon, was Sie in den Ferien machen?
Anna	Ich fliege in die Heimat. Dort möchte ich mit meiner Familie Urlaub verbringen.
Professor Bauer	Wann fliegen Sie ab?
Anna	Am nächsten Montag. Ich freue mich schon auf die Reise.

안나	안녕하세요!
바우어 교수	안녕하세요! 앉으시죠!
안나	감사합니다.
바우어 교수	방학에 무엇을 할 계획이에요?
안나	고향에 가요. 거기에서 가족들과 휴가를 보내려고요.
바우어 교수	언제 출발하나요?
안나	다음 주 월요일에요. 저는 벌써 여행이 기대돼요.

대화 TIP

• 종속 접속사처럼 쓰이는 의문사

Ich weiß nicht, **was** danach passiert **ist**. 그 후에 무슨 일이 일어났는지 나는 모른다.
    주문장   부문장

위의 문장에서 의문사 **was**가 이끄는 문장은 목적절이며, 이때 의문사 **was**는 종속 접속사처럼 후치문을 이끕니다. 이 경우 의문사 앞에 ','를 넣어야 합니다.

Ich möchte wissen, **wann** wir uns **treffen**. 우리가 언제 만날 지 알고 싶어.
Ich möchte wissen, **wo** sie jetzt **ist**. 나는 그녀가 지금 어디에 있는지 알고 싶다.
Ich möchte wissen, **wer** mir geholfen **hat**. 나는 누가 나를 도와주었는지 알고 싶다.
Ich möchte wissen, **wie** es ihr **geht**. 나는 그녀가 어떻게 지내고 있는지 알고 싶다.
Ich möchte wissen, **warum** sie mich verlassen **hat**.
나는 그녀가 왜 나를 떠났는지 알고 싶다.

새 단어 및 표현

sich setzen 동 앉다
Wissen Sie, was ~?
~을/를 아시나요?
wissen 동 알다
Heimat 명 f. 고향
verbringen 동 시간을 보내다
abfliegen 동 이륙하다
Ich freue mich auf + 4격 명사
나는 ~을/를 고대하다
sich freuen 동 기뻐하다
Reise 명 f. 여행

198

Kannst du mir helfen, wenn du Zeit hast?

Gerne.

Jena	Was machst du morgen?
Minho	Nichts Besonderes. Warum denn?
Jena	Kannst du mir helfen, wenn du Zeit hast?
Minho	Gerne. Was soll ich für dich tun?
Jena	Wie du weißt, ziehe ich an diesem Samstag in die neue Wohnung ein, da muss ich ein paar schwere Dinge tragen. Das kann ich aber nicht alleine schaffen.
Minho	Kein Problem. Das mache ich gern.
Jena	Danke, das ist nett von dir.

예나 내일 뭐 하니?

민호 특별한 일 없는데. 왜?

예나 시간 있으면, 나 좀 도와줄 수 있니?

민호 기꺼이. 내가 뭘 도와주면 되는데?

예나 알다시피, 내가 이번 토요일에 새 집으로 이사하잖아. 그 전에 무거운 물건들을 몇 개 직접 옮기려고 해. 그런데 혼자 할 수가 없어.

민호 문제 없어. 도와줄게.

예나 고마워. 넌 친절해.

대화 **TIP**

· 부사나 형용사에 **-e**가 관습적으로 붙는 경우가 있는데 모두 동일한 의미의 같은 단어라고 생각하면 됩니다.

gern = gerne 즐겨, 기꺼이 　 nah = nahe 가까운 　 allein = alleine 홀로

· 형용사나 명사에 **-s**가 붙은 형태는 부사입니다.

besonder 특별한 → besonders 특히
ander 다른 → anders 달리
Morgen 아침 → morgens 아침에, 아침마다
am meisten 가장 많은 → meistens 대부분

새 단어 및 표현

besonder 형 특별한
Wenn du Zeit hast, 시간 있으면,
einziehen 동 이사 들어가다
davor 부 그 전에
schwer 형 무거운
Ding 명 n. 물건
tragen 동 짐을 옮기다
alleine 부 혼자
schaffen 동 해내다
Kein Problem. 문제 없어.

재귀 동사

sich rasieren

면도를 하다

sich die Zähne putzen

양치질을 하다

sich duschen

샤워하다

sich kämmen

머리를 빗다

sich die Tränen trocknen

눈물을 닦다

sich setzen

앉다

sich legen

눕다

sich treffen

만나다

sich umziehen

옷을 갈아입다

sich die Nase putzen

코를 풀다

sich bewegen

움직이다

sich verspäten

지각하다, 늦다

부탁이나 양해를 구하는 표현

Kannst du mir bitte
einen Gefallen tun?

Ja, gern!

A 내 부탁 하나 들어줄 수 있어?
B 응, 기꺼이!

Ist hier noch frei?

Ja, bitte.

A 여기 자리 비어 있나요?
B 예.

B의 기타 표현

Nein, leider schon besetzt.
아니요, 유감스럽게도 비어 있지 않습니다.

Entschuldigung,
darf ich mal vorbei?

Ja, bitte.

A 실례합니다만, 좀 지나가도 될까요?
B 예, 가시죠.

 1 빈칸에 3격 또는 4격 재귀 대명사를 알맞은 형태로 넣어 문장을 완성하세요.

(1) Es ist 7 Uhr! Steh auf, wasch _____ und putz

_____ die Zähne.

(2) Wann treffen wir _____ morgen?

(3) Hast du _____ die Hände gewaschen?

(4) Ich habe _____ einen Rock gekauft.

(5) Er setzt _____ an den Tisch.

(6) Sie hat _____ eine Bluse angezogen.

2 알맞은 재귀 대명사를 쓰고 문맥의 의미에 알맞은 전치사를 골라서 넣으세요.

an	mit	auf	über	für

(1) Er hat _____ _____ das Geschenk gefreut.

(2) Interessieren Sie _____ _____ die deutsche Literatur?

(3) Erinnerst du _____ _____ unsere Schulzeit?

(4) Wir freuen _____ schon _____ den Ausflug am nächsten

Samstag.

(5) Sie haben _____ _____ ihren Freundinnen unterhalten.

3 빈칸에 주어진 형용사를 알맞은 형태로 넣어 문장을 완성하세요.

(1) Im Westen nichts _____. (neu)

(2) Mama, hast du etwas _____ (schön) für mich mitgebracht?

(3) Ich kann Ihnen nichts _____ (konkret) sagen.

레아와 루카의 대화입니다. 녹음을 듣고 질문에 답하세요.

(1) Wofür interessiert sich Luca?

    ① Er interessiert sich für die deutsche Musik.

    ② Er interessiert sich für die deutsche Kunst.

    ③ Er interessiert sich für die deutsche Literatur.

    ④ Er interessiert sich für die deutschen Instrumente.

(2) Worüber ärgert sich Lea am meisten?

    ①   ②   ③

읽기 밑줄 친 재귀 대명사 중 틀린 것을 찾아 올바르게 고쳐 쓰세요.

Um 6.30 Uhr stehe ich auf. Ich gehe ins Badezimmer, wasche

(1) <u>mich</u> das Gesicht und putze (2) <u>mich</u> die Zähne. Dann bereite ich

➡ _____   ➡ _____

(3) <u>mir</u> auf das Frühstück vor. Um 7.00 Uhr wacht mein Mann auf, geht ins

➡ _____

Bad. Er rasiert (4) <u>sich</u> und duscht. Während ich das Frühstück vorbereite,

              ➡ _____

kümmert (5) <u>sich</u> mein Mann um unseren kleinen Sohn. Wir frühstücken

      ➡ _____

zusammen. Nach dem Frühstück wäscht mein Mann das Geschirr und ich

ziehe unseren Sohn an. Gerne teilen wir (6) <u>uns</u> die Hausarbeit.

                      ➡ _____

★ Gesicht *n.* 얼굴 | aufwachen 잠이 깨다 | rasieren 면도하다 | duschen 샤워하다 | vorbereiten 준비하다 |
sich kümmern um ~을/를 돌보다 | Geschirr *n.* 식기

본받을 만한 독일의 배려 문화

독일은 남에게 폐를 끼치지 않고, 남을 배려하는 것이 하나의 문화로 자리 잡은 국가입니다.
따라서 독일에서 살게 되면 신경 써야 할 것이 한두 가지가 아니지요.
독일에서는 '허용되지 않는 것은 모두 금지'라는 말을 할 수 있을 정도입니다.
배려 문화가 독일처럼 잘 자리잡은 곳도 드물 것입니다.

01 독일인들은 유달리 소음에 민감합니다. 공공장소에서 타인을 배려하기 위해 조심하는 모습을 흔히 볼 수 있지요. 이를테면 식당에서 아이들이 떠드는 것은 독일에서는 상상하기 힘든 일입니다. 또한 버스 안에서도 남에게 방해되지 않기 위해 소곤소곤 얘기하는 모습을 자주 보게 됩니다.

02 독일 사람들은 문을 열고 지나갈 때, 뒤따라 들어오는 사람을 위해 문을 잡아 주는 것이 거의 습관화되어 있습니다.

03 타인을 생각하는 독일인들의 의식은 교통질서에도 잘 드러납니다. 보행자를 배려하여 정지선에 꼭 맞추어 멈추거나 속도 제한이 없는 아우토반에서도 일차선은 추월하는 차량을 위해 반드시 양보합니다.

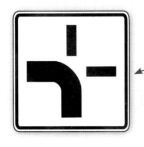

독일에는 필요한 교통 표지판이 적절한 곳에 잘 배치되어 있습니다. 신호등이 없는 이면도로의 사거리에는 이런 표지판이 있습니다. 좌회전하는 차가 우선이라는 표시이지요. 이런 표지판이 없을 경우에는 타인을 배려하는 양보의 원칙이 적용됩니다. 독일에서는 오른쪽에서 오는 차에는 양보해야 하고, 왼쪽에서 오는 차에는 양보를 받는다는 원칙(Rechts vor Links)이 지켜지고 있어서 표지판이 없어도 교통질서가 유지되는 데는 아무런 문제가 없지요.

Der Rucksack wird heute verschickt.

동영상 강의

- 수동태
- 화법 조동사가 있는 문장의 수동태
- zu 부정사의 용법

Wird das Seminar auch im Sommersemester angeboten?
세미나가 여름 학기에도 제공되나요?

Ja.
네.

● 수동태

문장에서 대상인 목적어를 강조하여 표현하는 수동문은 **werden** 동사와 과거 분사를 결합하여 만듭니다. 능동문의 목적어가 수동문의 주어가 되며, 행위자인 능동문의 주어는 수동문에서 3격 지배 전치사 **von**과 결합하게 됩니다. 여기서 능동문의 목적어는 3격이 아닌 4격만 수동문의 주어가 될 수 있습니다.

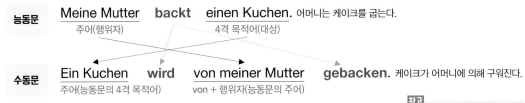

능동문 Meine Mutter **backt** einen Kuchen. 어머니는 케이크를 굽는다.
　　　주어(행위자)　　　　　　4격 목적어(대상)

수동문 Ein Kuchen **wird** von meiner Mutter gebacken. 케이크가 어머니에 의해 구워진다.
　　　주어(능동문의 4격 목적어)　von + 행위자(능동문의 주어)

4격 목적어가 없는 문장은 비인칭 주어 **es**를 사용하여 수동문을 만듭니다.
문장이 도치 되면 비인칭 주어 **es**는 생략됩니다.

> **참고**
> 일반적인 사람을 나타내는 **man**이 능동문의 주어일 경우에 수동문에서 **von** 이하는 생략됩니다.

① 3격 목적어를 가지는 문장

능동문	Er hilft der armen Frau. 그는 그 불쌍한 여자를 도와준다.
수동문	**Es** wird der armen Frau geholfen.
도치된 수동문	**Der armen Frau** wird geholfen. (es 생략)

② 목적어가 없는 자동사

능동문	Man arbeitet sonntags nicht. 사람들은 일요일에 일하지 않는다.
수동문	**Es** wird sonntags nicht gearbeitet.
도치된 수동문	**Sonntags** wird nicht gearbeitet. (es 생략)

③ 전치사와 함께 사용되는 동사

능동문	Man wartet auf den Bus. 사람들은 그 버스를 기다린다.
수동문	**Es** wird auf den Bus gewartet.
도치된 수동문	Auf den Bus wird gewartet. (es 생략)

Ja, wann denn?
응, 언제?

**Hast du Lust, mit mir
ins Konzert zu gehen?**
나랑 음악회에 갈래?

● 화법 조동사가 있는 문장의 수동태

화법 조동사가 있는 문장의 수동문은 화법 조동사 다음에 수동태를 결합시킨 형태로 만들면 됩니다. 수동태가 'werden + 과거 분사'이므로 werden 동사가 있는 자리에 화법 조동사가 쓰이면 werden 동사는 원형의 형태로 문장의 맨 뒤에 위치합니다.

능동문	Der Arzt <u>muss</u> den Mann <u>operieren</u>. 의사는 그 남자를 수술해야만 한다.
	화법 조동사 현재형 동사 원형

수동문	Der Mann <u>muss</u> von dem Arzt <u>operiert werden</u>. 그 남자는 의사에 의해 수술되어야 한다.
	화법 조동사 현재형 과거 분사 + werden

● zu 부정사의 용법

zu 부정사는 'zu + 동사 원형'의 형태로, 문장에서 주어나 목적어 또는 명사를 꾸며 주는 부가어로 쓰입니다. zu 부정사가 목적어나 부가어로 쓰일 경우에 문장의 제일 끝에 위치하는 것에 유의해야 합니다.

주어	Viel Kaffee **zu trinken** ist nicht gut für die Gesundheit. 커피를 많이 마시는 것은 건강에 좋지 않다.
	Früh **aufzustehen** ist schwer für mich. 일찍 일어나는 것이 내게는 힘들다.

목적어	Er beginnt Deutsch **zu lernen**. 그는 독일어 배우기 시작한다.
	Er versucht, sich mit mir **zu unterhalten**. 그는 나와 이야기를 나누려고 애쓴다.

부가어	Ich habe Lust, die Stadt **zu besichtigen**. 나는 그 도시를 구경하고 싶다.
	Sie hatte keine Zeit, dich **zu besuchen**. 그녀는 너를 방문할 시간이 없었다.

> **참고**
> 분리 동사는 zu가 분리 전철과 동사 원형의 사이에 들어가고 다 붙여 쓰는 것에 유의합니다.
> Vergiss nicht ihn **anzurufen**! 그에게 전화하는 것을 잊지 마!

Kann der Rucksack umgetauscht werden?

Selbstverständlich.

Laura	Ich habe Ihre Seite im Internet gefunden und interessiere mich für einen Rucksack. Schicken Sie Ihre Produkte auch ins Ausland?
Verkäuferin	Aber natürlich. Welches Modell hätten Sie denn gern?
Laura	Einen roten von dem neuesten Modell.
Verkäuferin	Alles klar. Der Rucksack wird morgen verschickt. Sie bekommen ihn dann spätestens an diesem Freitag.
Laura	Kann der Rucksack umgetauscht werden, falls mir das Modell nicht gefällt?
Verkäuferin	Selbstverständlich.

라우라	귀사의 인터넷 홈페이지에서 배낭을 봤는데, 관심이 있어서요. 해외 배송도 되나요?
판매 직원	당연하죠. 어떤 모델을 원하시나요?
라우라	최신 모델로 빨간색 하나요.
판매 직원	알겠습니다. 배낭은 내일 발송됩니다. 그러면 늦어도 이번 금요일에는 받으실 거예요.
라우라	마음에 들지 않는 경우, 교환할 수 있나요?
판매 직원	물론이죠.

대화 TIP

- **falls**는 '~의 경우에'라는 의미의 종속 접속사이므로, 동사는 문장의 맨 끝에 위치합니다. 부문장에서 주어가 보통 명사이고, 목적어가 인칭 대명사인 경우에 목적어가 주어 앞에 위치하는 문장의 순서에 주의해야 합니다.

Falls dir dein Freund nicht helfen kann, ruf mich bitte an.
     목적어   주어   동사 원형 조동사
네 친구가 너를 도울 수 없는 경우에 나에게 전화해.

새 단어 및 표현

Seite 몡 *f.* 페이지
Rucksack 몡 *m.* 배낭
Produkt 몡 *n.* 생산품
Ausland 몡 *n.* 외국
verschicken 동 보내다
spätestens 뮈 늦어도
umtauschen 동 교환하다
Selbstverständlich. 당연해요.

Jena	Ich will am Samstag ins Kino gehen. Hast du Lust mitzukommen?
Minho	An diesem Samstag habe ich leider keine Zeit. Da kommt jemand zu Besuch.
Jena	Geht es dann am Sonntag?
Minho	Ja, da habe ich nichts vor. Welchen Film willst du sehen?
Jena	Wie wäre es mit "Avatar 2"?
Minho	Gut, den wollte ich auch mal sehen. Wollen wir Anna fragen, ob sie auch Lust hat?
Jena	Das ist eine gute Idee.

예나	토요일에 영화를 보러 갈 건데, 같이 갈 생각 있니?
민호	유감스럽게도 이번 토요일엔 시간이 없어. 손님이 오시거든.
예나	그럼 일요일은 가능하니?
민호	응, 그때는 아무 계획이 없어. 어떤 영화를 볼 건데?
예나	"아바타 2" 어때?
민호	좋아, 나도 그 영화 한번 보려고 했어. 안나한테도 갈 건지 한번 물어볼까?
예나	좋은 생각이야.

대화 TIP

• **ob**은 '~인지 아닌지'의 뜻으로, 불확실한 내용의 문장이나 의문사가 없는 간접 의문문을 이끄는 종속 접속사입니다. 직접 의문문을 간접 의문문으로 변화시킬 경우 인칭과 동사를 일치시켜야 합니다.

직접 의문문	Er fragt mich: "Kommst du morgen zur Party?"
	그가 나에게 묻는다, "너 내일 파티에 가니?"

간접 의문문	Er fragt mich, **ob** ich morgen zur Party komme.
	그는 내가 내일 파티에 가는지 묻는다.

새 단어 및 표현

Lust 몡 f. 의욕, 하고 싶은 마음
mitkommen 통 함께 가다
jemand 때 누군가
zu Besuch kommen 방문하다
Geht es ~? ~이/가 가능한가요?
ob 접 ~인지 아닌지

단위 명사

das Glas 잔	**die Flasche** 병	**die Dose** 캔	**die Tasse** (커피, 차 등) 잔
ein Glas 한 잔	**eine Flasche** 한 병	**eine Dose** 한 캔	**eine Tasse** 한 잔

drei Glas Wein
와인 세 잔

drei Flaschen Bier
맥주 세 병

zwei Dosen Cola
콜라 두 캔

zwei Tassen Kaffee
커피 두 잔

die Packung 팩	**der Teller** 접시	**der Becher** (요거트 등) 컵	**das Stück** (빵, 케이크 등) 조각
eine Packung 한 팩	**ein Teller** 한 접시	**ein Becher** 한 컵	**ein Stück** 한 조각

drei Packungen Milch
우유 세 팩

zwei Teller Salat
샐러드 두 접시

drei Becher Joghurt
요거트 세 컵

zwei Stück Kuchen
케이크 두 조각

 참고
셀 수 없는 물질 명사를 세기 위해 단위 명사를 사용합니다. 개수가 2개 이상일 때 단위 명사 중에서 여성 명사만 복수로 만들고 중성과 남성은 항상 단수로 씁니다. 부정관사는 단위 명사의 성에 맞춥니다.

식기류

die Gabel	**der Löffel**	**das Messer**	**das Besteck**
포크	숟가락	칼	한 벌의 식사 도구

die Schüssel	**der Topf**	**der Schöpflöffel**	**die Pfanne**
사발, 대접	냄비	국자	프라이팬

은행과 우체국에서 사용하는 표현

Füllen Sie bitte
das Formular aus.

Ich möchte ein
Konto eröffnen.

A   계좌를 개설하고 싶습니다.
B   서식을 작성해 주세요.

B의 기타 표현

Ich möchte Geld umtauschen.
환전하고 싶어요.

Ich möchte Geld überweisen.
이체하고 싶어요.

▶ Konto *n.* 계좌 | ausfüllen 기입하다 |
Formular *n.* 서식 | umtauschen
교환하다 | überweisen 이체하다

Ich möchte dieses Paket
nach Korea schicken.

Mit Luftpost
oder normal?

A   이 소포를 한국에 보내고 싶습니다.
B   항공 우편으로요, 아니면 보통으로요?

▶ Luftpost *f.* 항공 우편

Brauchen Sie eine
Quittung?

Nein, danke.

A   영수증 필요하신가요?
B   아뇨, 고맙습니다.

▶ Quittung *f.* 영수증

문법 1 빈칸에 알맞은 형태의 werden 동사를 넣어 문장을 완성하세요.

(1) Ein Brief _____ von ihm geschrieben.

(2) Ihr _____ von dem Lehrer gerufen.

(3) Du _____ von der Familie eingeladen.

(4) Die Frauen _____ von ihren Kindern geliebt.

2 **보기**와 같이 문장을 수동문의 형태로 바꾸세요.

> **보기**
> Mein Vater schenkt mir einen tollen Mantel.
>
> → <u>Ein toller Mantel wird mir von meinem Vater geschenkt.</u>

(1) Die Frau macht das Fenster auf.

→ _____

(2) Er gibt das Paket auf.

→ _____

(3) Mein Onkel kauft einen Sportwagen.

→ _____

3 müssen 동사를 넣어 **보기**와 같이 수동문으로 만드세요.

> **보기**
> das Paket – aufgeben
>
> → <u>Das Paket muss aufgegeben werden.</u>

(1) die Hausaufgaben – machen

→ _____

(2) ein neues Rathaus – bauen

→ _____

(3) der Patient – operieren

→ _____

듣기 ● 녹음을 듣고 주어진 동사를 참고하여 보기 와 같이 문장을 완성하세요.

099

보기
Mein Mann sagt: "Du isst zu viel."
Ich versuche, weniger _zu_ _essen_ .

sein	kochen	rauchen
kommen	lachen	fernsehen

(1) Ich versuche, nicht _____ _____.

(2) Ich versuche, früher nach Hause _____ _____.

(3) Ich versuche, mehr _____ _____.

(4) Ich versuche, besser _____ _____.

(5) Ich versuche, pünktlich _____ _____.

(6) Ich versuche, nicht viel _____.

읽기 ● 빈칸에 수동문을 넣어 글을 완성하세요.

Johann Wolfgang von Goethe (1)_____
als einer der berühmtesten deutschen
Schriftsteller (2)_____(ansehen). In der
ganzen Welt (3)_____ seine Bücher
(4)_____(lesen) und bewundert. Das
berühmteste Buch, das von Goethe geschrieben
wurde, heißt 'Faust'. Das (5)_____
sehr viel in den Schulen in Deutschland
(6)_____(lesen). Noch heute
(7)_____ der Name 'Goethe'
(8)_____(ehren).

★ berühmt 유명한 | Schriftsteller *m.* 작가 | ehren 존경하다

쾌속 질주, 아우토반 Autobahn

우리에게도 익숙한 아우토반

독일의 아우토반은 속도 제한이 없기로 유명합니다. 하지만 나들목 등에서는 속도가 제한됩니다. 밤에 아우토반을 달리는 것은 생각보다 어렵습니다. 다른 나라와 달리 독일의 아우토반에는 가로등이 없기 때문입니다.

◀ 총 연장 길이 12,000km의
독일 아우토반과 아우토반 표지판

아우토반 건설에 대한 오해와 진실

아우토반에 관해 우리에게 잘못 알려진 대표적인 것이 독일의 아우토반은 '히틀러'가 건설했다는 것입니다. 사진은 1933년 9월, 히틀러가 프랑크푸르트–만하임–하이델베르크 구간의 아우토반 건설을 위한 첫 삽을 뜨고 있는데, 나치가 이를 정치적 선전에 이용하기 위해 마치 독일의 아우토반 건설의 첫 삽을 히틀러가 뜬 것처럼 역사를 왜곡했습니다. 사실 독일의 아우토반은 쾰른과 본 사이에 최초로 건설되었는데, 이는 히틀러가 정권을 장악(Machtergreifung)한 1933년 1월보다 약 6개월 전의 일이었습니다. 그러나 히틀러가 당시 독일에 만연되어 있던 대량 실업 사태를 해결한 것처럼 꾸밀 필요가 있던 나치선전청은 쾰른–본 구간 아우토반을 국도(Landstraße)로 격하시켜 버렸습니다.

곡선이 아름다운 아우토반

분데스리가 챔피언인 바이에른 뮌헨의 전용 구장으로 우리에게도 잘 알려진 알리안츠 아레나(Alianz Arena) 주위로 아우토반이 아름답게 펼쳐져 있습니다.

Kennst du den Mann, der da steht?

동영상 강의

- 관계 대명사

- 전치사와 관계 대명사의 결합

- es~, dass 구문

Kennst du die Frau, die da kommt?
저기 오는 여자분 알아?

Ja, die ist meine Tante.
응, 내 이모님이야.

● 관계 대명사

관계 대명사 문장은 앞 문장의 명사나 대명사를 설명하는 역할을 합니다. 관계 대명사는 선행사의 성과 수와 일치해야 하고, 격은 관계 대명사 문장 안에서 결정됩니다. 관계 대명사는 2격과 복수 3격을 제외하고 정관사와 형태가 똑같습니다. 관계 대명사 문장은 부문장이므로 동사를 문장의 맨 끝에 위치시켜야 합니다.

	남성	여성	중성	복수
1격	der	die	das	die
2격	dessen	deren	dessen	deren
3격	dem	der	dem	denen
4격	den	die	das	die

> **참고**
> 분리 동사가 부문장에서는 분리되지 않습니다.
> Er **steht** früh **auf**. 그는 일찍 일어난다.
> Das Kind, das früh **aufsteht**, ist gesund.
> 일찍 일어나는 아이가 건강하다.

1격
Wie heißt der Junge? Der Junge sieht gut aus.
소년의 이름이 뭐니? 그 소년은 잘생겼어.

→ Wie heißt der Junge, **der** gut aussieht? 잘생긴 그 소년의 이름이 무엇이니?
선행사: 남성 단수

2격
Die Frau ist Reporterin. Das Auto der Frau ist kaputt.
그 여자는 리포터이다. 그 여자의 차가 고장 났다.

→ Die Frau, **deren** Auto kaputt ist, ist Reporterin. 자신의 차가 고장 난 그 여자는 리포터이다.
선행사: 여성 단수

3격
Da spielen die Kinder. Du hast den Kindern geholfen.
저기 아이들이 놀고 있어. 네가 그 아이들을 도와줬어.

→ Da spielen die Kinder, **denen** du geholfen hast. 저기 네가 도와준 아이들이 놀고 있어.
선행사: 복수

4격
Kannst du das Buch abholen? Ich habe gestern das Buch bestellt.
너 그 책 좀 가져올 수 있겠니? 내가 어제 그 책을 주문했어.

→ Kannst du das Buch, **das** ich gestern bestellt habe, abholen?
선행사: 중성 단수
어제 내가 주문한 책을 가져올 수 있겠니?

Wem gehört das Auto, mit dem du gekommen bist?
네가 타고 온 차는 누구의 차니?

Meinem Vater.
내 아빠의 차야.

● 전치사와 관계 대명사의 결합

선행사가 관계 대명사 문장에서 전치사의 목적어인 경우, 전치사와 함께 있는 명사는 분리될 수 없으므로 전치사와 관계 대명사가 함께 선행사 바로 뒤에 위치해야 합니다.

Wer ist denn die Frau? Du hast mit der Frau getanzt.
저 여자는 도대체 누구니? 너는 그 여자와 함께 춤을 추었어.

→ Wer ist denn die Frau, **mit der** du getanzt hast? 네가 함께 춤을 추었던 그 여자는 도대체 누구니?

Mein Nachbar hat einen großen Hund. Ich habe Angst vor dem Hund.
내 이웃은 큰 개 한 마리를 키운다. 나는 그 개를 두려워한다.

→ Mein Nachbar hat einen großen Hund, **vor dem** ich Angst habe.
내 이웃은 내가 두려워하는 큰 개 한 마리를 키운다.

● es~, dass 구문

dass는 명사절을 만드는 접속사로, 문장에서 주어나 목적어인 문장을 이끌어 줍니다. 명사절이 문장의 주어나 목적어로 쓰일 때 문장의 균형을 위해 가주어나 가목적어로 쓰이는 es를 주어나 목적어 자리에 쓰고, dass 이하 부분은 문장의 뒤로 보내어 씁니다. 가목적어로 쓰이는 es는 생략할 수 있습니다.

① 주어로 쓰일 때

Dass du wieder gesund bist, ist schön.
　　　　　　주어

→ Es ist schön, dass du wieder gesund bist. 네가 다시 건강해진 것이 기쁘다.
　가주어　　　　　　　　　진주어

② 목적어로 쓰일 때

Er weiß (es), dass du ihn nicht magst. 네가 그를 좋아하지 않는 것을 그가 알고 있다.
　　가목적어　　　진목적어

Kennst du den Mann, der da steht ?

Ja, ich kenne ihn.

Jan	Laura, kennst du den Mann, der einen grauen Anzug trägt?
Laura	Ja, ich kenne ihn. Das ist Sandras Freund.
Jan	Wer ist denn Sandra?
Laura	Sandra ist eine Freundin von mir, die du bei meiner letzten Geburtstagsparty kennen gelernt hast.
Jan	Ach ja, ich erinnere mich an sie. Sie ist die Freundin, mit der du zusammen eine Reise nach Ungarn gemacht hast.
Laura	Genau. Ihr Freund sieht wirklich gut aus, nicht wahr?
Jan	Ja, das finde ich auch.

얀	라우라, 회색 양복을 입고 있는 저 남자 알아?
라우라	응, 알아. 산드라의 남자 친구야.
얀	산드라가 누구지?
라우라	산드라는 네가 지난번 내 생일 파티에서 만났던 내 친구야.
얀	아, 그래, 기억 나. 너랑 함께 헝가리로 여행 갔던 그 친구잖아.
라우라	맞아. 산드라의 남자 친구 정말 잘생겼어. 그렇지 않아?
얀	응, 나도 그렇게 생각해.

대화 TIP

- **tragen**은 옷을 입고 있는 상태를 표현하고 **anziehen**은 옷을 입는 행위를 표현합니다.

  Ich **ziehe** eine Jacke **an**. 나는 재킷을 입는다.

  Ich **trage** eine Jacke. 나는 재킷을 입고 있다.

- **lernen** 동사는 **gehen** 동사처럼 또 다른 동사 원형을 취할 수 있습니다.

새 단어 및 표현

kennen 동 알다
grau 형 회색의
tragen 동 옷을 입고 있다
letzt 형 마지막의, 요전의
kennen lernen 동 알다, 사귀다
sich erinnern 동 기억하다
Ungarn 명 헝가리
genau 형 정확한
aussehen 동 ~게 보이다
nicht wahr? 그렇지 않아요?
wahr 형 참된, 정말인

Was für ein Typ ist er?

Ich weiß nur,
dass er Däne ist.

Anna	Hallo, Minho!
Minho	Hallo, Anna! Schön, dich zu sehen. Wohin gehst du jetzt?
Anna	Jetzt gehe ich zum Landesmuseum, um eine Ausstellung zu besuchen.
Minho	Ah ja! Sag mal, stimmt es, dass Katrina einen neuen Freund hat?
Anna	Ja, das habe ich auch gehört.
Minho	Und was für ein Typ ist er?
Anna	Ich weiß nur, dass er Däne ist.

안나 안녕, 민호!

민호 안녕, 안나! 반가워. 지금 어디 가는 길이니?

안나 전시회를 보러 주립 박물관에 가는 길이야.

민호 아, 그렇구나! 그런데 카트리나 한테 새 남자 친구가 생겼다는 게 사실이야?

안나 응, 나도 들었어.

민호 그 남자는 어떤 사람이래?

안나 덴마크 사람이라는 것만 알아.

대화 TIP

- 'um ~ zu + 동사 원형'은 '~을/를 하기 위해서'라는 표현으로 사용됩니다.

  Er kommt heute, **um** mir **zu gratulieren**.
  나를 축하해 주기 위해서 그가 오늘 온다.

  Sie heizt weniger, **um** Energie **zu sparen**.
  그녀는 에너지를 절약하기 위해서 난방을 적게 한다.

- wissen 동사는 현재 시제에서 단수 1인칭과 3인칭이 동일한 형태로 변화하는 독특한 경우의 불규칙 동사이므로 유의해야 합니다.

ich	weiß	wir	wissen
du	weißt	ihr	wisst
er / sie / es	weiß	sie / Sie	wissen

새 단어 및 표현

Landesmuseum
명 *n.* 주립 박물관

Ausstellung 명 *f.* 전시회

Stimmt es, dass ~?
~이/가 맞아요?

Typ 명 *m.* 유형, 타입

Däne 명 *m.* 덴마크 사람

음식 조리 관련 단어

schneiden
썰다

schälen
껍질을 벗기다

backen
오븐에 굽다

braten
기름을 두르고 굽다

frittieren
기름에 튀기다

mischen
섞다, 혼합하다

kosten
맛을 보다

grillen
석쇠로 굽다

dünsten
약한 불로 찌다

> **참고**
> Salz/Pfeffer streuen 소금/후추를 뿌리다
> Butter streichen 버터를 바르다
> Kaffee rösten 커피를 볶다
> Wasser kochen 물을 끓이다
> Suppe umrühren 수프를 휘젓다
> Gemüse dünsten 야채를 약한 불로 익히다
> Pfannkuchen aufrollen 팬케이크를 말다

맛 표현

süß 단	**fade** 싱거운
bitter 쓴	**fettig** 기름진
salzig 짠	**zäh** (고기가) 질긴
sauer 신	**zart** (고기가) 연한
scharf 매운	**weich** 부드러운
herb 떫은	**hart** 딱딱한

의견 나누기

Sport ist gut für die Gesundheit.

Sie haben recht.

A 운동은 건강에 좋아요.

B 당신 말이 맞아요.

B의 기타 표현

Ich bin auch der Meinung.
제 생각도 그래요.

Das ist richtig. 그것은 옳은 말이에요.

Das ist wahr. 그것은 사실이에요.

Das stimmt.(= Genau.) 맞아요.

Das finde ich auch.
저 역시 그렇게 생각해요.

Das Aussehen ist sehr wichtig.

Das glaube ich nicht.

A 외모가 아주 중요하지요.

B 저는 그렇게 생각하지 않아요.

B의 기타 표현

Da bin ich anderer Meinung.
제 생각은 다릅니다.

Das ist falsch. 그건 틀린 말이에요.

Das stimmt nicht. 그건 맞지 않아요.

참고

• 자신의 의견을 표현할 때 '내 생각에는'이라는 뜻으로 nach meiner Meinung, nach meiner Ansicht라는 표현을 씁니다. 이때 3격 지배 전치사 nach는 명사의 앞이나 뒤에 위치할 수 있습니다.

nach meiner Meinung = meiner Meinung nach
nach meiner Ansicht = meiner Ansicht nach

• 상대방의 제안에 동의할 경우에는 Ich bin damit einverstanden. (나는 그것에 동의합니다.)라고 표현합니다.

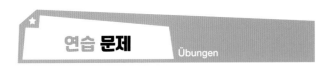

 1 보기 와 같이 두 문장을 관계 대명사로 연결된 하나의 문장으로 바꾸세요.

> 보기
>
> Kennst du die Leute? Die Leute stehen vor der Tür.
>
> → _Kennst du die Leute, die vor der Tür stehen?_

(1) Das ist meine Kollegin. Die Kollegin hat letztes Mal mir sehr viel geholfen.

→ _____

(2) Das ist der Ring. Ich habe den Ring für meine Freundin gekauft.

→ _____

(3) Das sind meine Neffen. Du hast meinen Neffen Spielzeuge geschenkt.

→ _____

(4) Kennen Sie den Mann? Dieses Auto gehört dem Mann.

→ _____

2 알맞은 전치사를 골라 관계 대명사 문장을 완성하세요.

auf	bei	mit	an	für

(1) Das ist der Wagen, _____ _____ ich zur Arbeit fahre.

(2) Die Leute, _____ _____ ich wohne, sind sehr freundlich.

(3) Das ist der Lehrer, _____ _____ ich oft denke.

(4) Wer ist die Frau, _____ _____ du so lange wartest.

(5) Die Arbeit, _____ _____ er gleich beginnt, ist nicht schwer.

(6) Der Wagen, _____ _____ ich mich interessiere, ist zu teuer.

듣기 ● 녹음을 듣고 질문에 답하세요.

Wer sagt das?

104

Wolfgang   Gabi   Agnes   Hans

(1) _____ sagt, dass junge Eltern für Kinder besser sind.

(2) _____ sagt, dass ein Ehepaar ohne Kinder auch glücklich
sein könnte.

(3) _____ sagt, dass Arbeit noch wichtiger als Kinder ist.

(4) _____ sagt, dass eine Wohnung mit Garten für Kinder gut ist.

읽기 ● 내용상 관련된 문장을 연결하세요.

(1) Ich mag gern Leute,   •   • ⓐ der den "Faust"
                                         geschrieben hat?

(2) Das ist meine Kollegin,   •   • ⓑ mit denen du immer Ski
                                         laufen gehst?

(3) Wie heißt der Schriftsteller, •   • ⓒ die lustig sind.

(4) Sind das deine Freunde,   •   • ⓓ in dem auch im Winter
                                         meistens die Sonne scheint.

(5) Ich fahre im Januar nach   •   • ⓔ auf den wir noch warten.
    Spanien,

(6) Der Mann ist Polizist,   •   • ⓕ die mir sehr geholfen hat.

독일의 대표 와인, 아이스와인 Eiswein

독일의 와인 생산량은 전 세계 총생산량의 3%에 불과하지만, 지명도 면에서는 프랑스 와인에 버금갑니다.
그중에서도 독일의 대표적 와인이라 할 수 있는 아이스와인에 대해 알아볼까요?

아이스와인의 탄생

아이스와인은 독일에서 생산되는 와인 중에서 가장 사랑받고 있습니다. 옛날에 미처 포도 수확을 하기도 전에 첫서리가 내려 포도가 모두 얼어버린 것을 보고 낙심한 한 독일의 양조업자가 있었습니다. 이 양조업자는 아까운 마음에 언 포도를 버리지 않고 해동한 후, 압착을 해서 발효시켰습니다. 그런데 이렇게 만들어진 와인은 기존의 다른 와인에 비해 놀라우리만큼 달고 맛이 있었다고 합니다. 최초의 아이스와인이 탄생하게 된 것이지요.

아이스와인

아이스와인은 18세기 독일에서 처음 만들어지기 시작했습니다. 아이스와인과 다른 와인과의 차이점은 언 상태의 포도를 녹이지 않고 그대로 수확하여 과즙만 짜내 만들기 때문에 당도가 매우 높다는 것입니다.

독일의 빙엔 암 라인(Bingen am Rhein)에는 최초의 아이스와인(1829년산)을 기념하기 위한 동판이 있습니다.

아이스와인 병은 일반 와인에 비해 날렵하고 폭이 좁은 모양을 하고 있습니다. 포도즙의 양이 일반 포도의 1/8밖에 되지 않기 때문에 가격은 대체로 고가입니다.

아이스와인의 생산

독일산 아이스와인은 대부분 리슬링(Riesling)이라는 포도 묘목에서 나는 포도로 만듭니다. 또한 아이스와인으로 쓰이는 포도는 언 상태로 재배해야 하므로 기온이 최소 3시간 이상 영하 7도 이하로 떨어져야 수확이 가능합니다. 아이스와인은 독일산이 특히 유명하긴 하지만, 오스트리아, 캐나다, 미국, 룩셈부르크 등지에서도 생산됩니다.

부록

- 추가 문법

- 동사 변화

- 정답

- 듣기 대본 · 읽기 지문 번역

- 색인 **1** 독일어 + 한국어

- 색인 **2** 한국어 + 독일어

1 kein의 격 변화

	단수 (부정관사 변화를 따라감)			복수 (정관사 변화를 따라감)
	남성	여성	중성	
1격	kein Stuhl	keine Lampe	kein Buch	keine Bilder
2격	keines Stuhles	keiner Lampe	keines Buches	keiner Bilder
3격	keinem Stuhl	keiner Lampe	keinem Buch	keinen Bildern
4격	keinen Stuhl	keine Lampe	kein Buch	keine Bilder

2 소유 대명사의 격 변화

소유 대명사의 1인칭 단수와 복수인 mein – unser, 2인칭 단수와 복수인 dein – euer, 3인칭 단수 (남성, 여성, 중성)와 복수인 sein – ihr – sein – ihr, 그리고 존칭 Sie의 소유 대명사인 Ihr는 다음과 같이 명사 앞에서 격에 따른 변화를 합니다.

● **mein 나의**

	단수 (부정관사 변화를 따라감)			복수 (정관사 변화를 따라감)
	남성	여성	중성	
1격	mein Sohn	meine Tochter	mein Kind	meine Eltern
2격	meines Sohnes	meiner Tochter	meines Kindes	meiner Eltern
3격	meinem Sohn	meiner Tochter	meinem Kind	meinen Eltern
4격	meinen Sohn	meine Tochter	mein Kind	meine Eltern

● **dein 너의**

	단수 (부정관사 변화를 따라감)			복수 (정관사 변화를 따라감)
	남성	여성	중성	
1격	dein Kuli	deine Tasche	dein Haus	deine Schuhe
2격	deines Kulis	deiner Tasche	deines Hauses	deiner Schuhe
3격	deinem Kuli	deiner Tasche	deinem Haus	deinen Schuhen
4격	deinen Kuli	deine Tasche	dein Haus	deine Schuhe

● **sein 그의**

| | 단수 (부정관사 변화를 따라감) | | | 복수 (정관사 변화를 따라감) |
	남성	여성	중성	
1격	sein Anzug	seine Hose	sein Hemd	seine Kleidungen
2격	seines Anzuges	seiner Hose	seines Hemdes	seiner Kleidungen
3격	seinem Anzug	seiner Hose	seinem Hemd	seinen Kleidungen
4격	seinen Anzug	seine Hose	sein Hemd	seine Kleidungen

● **ihr 그녀의, 그들의 / Ihr 당신(들)의**

| | 단수 (부정관사 변화를 따라감) | | | 복수 (정관사 변화를 따라감) |
	남성	여성	중성	
1격	ihr/Ihr Mann	ihre/Ihre Tochter	ihr/Ihr Kind	ihre/Ihre Eltern
2격	ihres/Ihres Mannes	ihrer/Ihrer Tochter	ihres/Ihres Kindes	ihrer/Ihrer Eltern
3격	ihrem/Ihrem Mann	ihrer/Ihrer Tochter	ihrem/Ihrem Kind	ihren/Ihren Eltern
4격	ihren/Ihren Mann	ihre/Ihre Tochter	ihr/Ihr Kind	ihre/Ihre Eltern

● **unser 우리들의**

| | 단수 (부정관사 변화를 따라감) | | | 복수 (정관사 변화를 따라감) |
	남성	여성	중성	
1격	unser Lehrer	unsere Schule	unser Land	unsere Kinder
2격	unseres Lehrers	unserer Schule	unseres Landes	unserer Kinder
3격	unserem Lehrer	unserer Schule	unserem Land	unseren Kindern
4격	unseren Lehrer	unsere Schule	unser Land	unsere Kinder

● **euer 너희들의**

euer 다음에 e가 오는 경우 -er에서 e가 탈락하는 것에 유의해야 합니다.

| | 단수 (부정관사 변화를 따라감) | | | 복수 (정관사 변화를 따라감) |
	남성	여성	중성	
1격	euer Bruder	eure Schwester	euer Haus	eure Geschwister
2격	eures Bruders	eurer Schwester	eures Hauses	eurer Geschwister
3격	eurem Bruder	eurer Schwester	eurem Haus	euren Geschwistern
4격	euren Bruder	eure Schwester	euer Haus	eure Geschwister

3 '형용사 + 명사' 구조에서 형용사 어미 변화

형용사 앞에 관사가 없는 경우는 형용사 끝을 정관사의 어미로 변화시킵니다. 남성 2격과 중성 2격에서 es가 아니고 en 인 것에 주의해야 합니다.

	단수			복수
	남성	여성	중성	
1격	heller Tag	gute Luft	frisches Obst	junge Leute
2격	hellen Tages	guter Luft	frischen Obstes	junger Leute
3격	hellem Tag	guter Luft	frischem Obst	jungen Leuten
4격	hellen Tag	gute Luft	frisches Obst	junge Leute

4 숫자 1.000 ~ 1.000.000

1.000	(ein) tausend	2.000	zweitausend
10.000	zehntausend	20.000	zwanzigtausend
100.000	hunderttausend	250.000	zweihundertfünfzigtausend
1.000.000	**eine Million**	2.000.000	zwei **Millionen**
1.500.000	eine Million fünfhunderttausend		

1.234	tausendzweihundertvierunddreißig
12.345	zwölftausenddreihundertfünfundvierzig
240.001	zweihundertvierzigtausendeins

- 우리나라 숫자 표기와 달리 천 단위에는 콤마(,)가 아닌 마침표(.)를 사용합니다.

- Million은 여성 명사이므로 대문자로 쓰고 2백만부터 복수형인 Millionen의 형태로 씁니다.

- 숫자들은 명사로 사용될 수 있으며 이런 경우 대문자로 쓰고 여성 명사가 됩니다.
  Der Schüler bekam eine **Eins** in Mathe. 그 학생은 수학에서 1등급을 받았다.

5 연도 읽기

• 두 자리씩 끊어 읽고 그 사이에 hundert를 넣습니다.

   1871: achtzehn**hundert**einundsiebzig   1999: neunzehn**hundert**neunundneunzig

• 1000~1099년, 2000~2099는 보통 숫자와 똑같이 읽습니다.

   1099: tausendneunundneunzig   2016: zweitausendsechzehn

6 자주 사용되는 전치사

● **2격 지배 전치사**

statt ~대신에	**Statt** eines Sofas kauft er einen Sessel. 그는 소파 대신 안락의자를 산다
trotz ~에도 불구하고	**Trotz** des Regens spielen sie Fußball. 비가 오는데도 그들은 축구를 한다.
wegen ~때문에	**Wegen** der Krankheit bleibt er zu Hause. 아프기 때문에 그는 집에 있다.
während ~동안에	**Während** der Ferien arbeitet er. 그는 방학 동안에 일을 한다.

● **3격 지배 전치사**

gegenüber ~의 건너편에	Der Post **gegenüber** liegt das Krankenhaus. = **Gegenüber** der Post liegt das Krankenhaus. 우체국 건너편에 병원이 있다.

> **주의**
> 전치사 gegenüber는 명사 앞 혹은 뒤에 위치할 수 있습니다.

● **4격 지배 전치사**

durch ~을/를 통하여	Das Mädchen ging **durch** den Wald. 그 소녀는 숲을 지나갔다.
gegen ~에 반대하는	Du bist immer **gegen** meine Meinung. 너는 항상 내 의견에 반대야.
ohne ~없이	Er ist seit vier Monaten **ohne** Arbeit. 그는 네 달 전부터 일이 없는 상태다.

7 자주 사용되는 부사

● 시간

gerade 바로 조금 전에, 막	heutzutage 오늘날	vorgestern 그저께
vorher 이전에	nachher = später 나중에	sofort 당장
gleich 곧, 금방	bereits 이미	übermorgen 모레
schließlich 마침내, 결국	zuletzt 맨 나중에	inzwischen 그러는 동안에

● 장소

draußen 바깥에, 외부에	drinnen 안에, 내부에	hinten 뒤에
überall 도처에, 곳곳에	drüben 저쪽에	mitten 한가운데에
vorn 앞에	irgendwo 그 어딘가에	hinein 안으로
hinauf 위로	hinaus 밖으로	vorwärts 앞으로
dahin = dorthin 그쪽으로	rückwärts 뒤로, 거꾸로	

● 방법, 정도

ziemlich 상당히	normalerweise 일반적으로	jedenfalls 어쨌거나
glücklicherweise 다행스럽게도	interessanterweise 흥미롭게도	sogar 심지어
fast 거의	besonders 특히	

● 진술에 대한 확신, 불확신과 부정

sicher 확실히	natürlich 당연히	unbedingt 반드시, 꼭
kaum 거의 ~ 않다	vielleicht = wahrscheinlich = wohl 아마도	
keinesfalls 결코 ~ 아니다	gar nicht = überhaupt nicht 전혀 ~ 아니다	

8 접속사

● **부사적 접속사**

deshalb, deswegen, darum, daher 그래서, 그렇기 때문에	Es regnet stark, **deshalb** geht er nicht spazieren. 비가 많이 온다. 그렇기 때문에 그는 산책을 가지 않는다.
trotzdem, dennoch 그런데도, ~임에도 불구하고	Sein Computer ist zu alt, **trotzdem** kauft er keinen neuen Computer. 그의 컴퓨터는 너무 오래되었다. 그런데도 그는 새 컴퓨터를 사지 않는다.
dann 그러고 나서, 그 다음에	Wir gehen zuerst essen, **dann** machen wir einen Spaziergang. 우리는 먼저 식사를 하러 가고 그 다음에 산책을 한다.
sonst 그렇지 않으면	Du musst fleißig lernen, **sonst** bekommst du keine guten Noten. 너는 열심히 공부해야 해. 그렇지 않으면 좋은 성적을 받지 못해.

● **종속 접속사**

als ~했을 때 (과거의 일회적 사건)	**Als** ich das hörte, musste ich lachen. 내가 그것을 들었을 때 웃지 않을 수 없었어.
wenn ~했을 때 (과거의 반복적 사건)	**Wenn** wir ausgehen wollten, regnete es immer. 우리가 외출하려고 할 때마다 비가 왔다.
ob ~인지 아닌지	Ich weiß nicht, **ob** sie morgen mich besuchen kann. 그녀가 내일 나를 방문할 수 있을지 난 모르겠어.
nachdem ~하고 난 후에	**Nachdem** er sein Zimmer aufgeräumt hat, beginnt er zu lernen. 그는 자신의 방을 정돈한 후에 공부를 시작한다.
als ob 마치 ~인 것처럼	Er spricht gut Koreanisch, **als ob** er Koreaner wäre. 그는 마치 한국인인 것처럼 한국어를 잘한다.
obwohl ~임에도 불구하고	**Obwohl** er die Prüfung nicht bestanden hat, war er nicht traurig. 그는 시험에 합격하지 못했지만, 슬퍼하지 않았다.
bevor ~하기 전에	**Bevor** man isst, muss man sich die Hände waschen. 밥 먹기 전에 손을 씻어야만 한다.
damit ~하기 위해서	Er spart Geld, **damit** er ein neues Auto kauft. 새 자동차를 사기 위해서 그는 돈을 저축한다.

주의

nachdem이 이끄는 부문장은 주문장보다 한 시제 앞섭니다.

nicht/kein A, sondern B A가 아니라 B이다	Sie ist **nicht** meine Mutter, **sondern** meine Tante. 그녀는 내 엄마가 아니고 이모야. Das ist **kein Kuli, sondern** ein Bleistift. 그것은 볼펜이 아니고 연필이야.
nicht nur A, sondern auch B A뿐만 아니라 B도	Ich kann **nicht nur** Geige, **sondern auch** Klavier spielen. 나는 바이올린뿐만 아니라 피아노도 연주할 수 있어.
entweder A oder B A이거나 또는 B (둘 중의 선택)	Wir fahren **entweder** nach Berlin **oder** nach Bonn. 우리는 베를린 아니면 본으로 갈 거야.
weder A(,) noch B A도 B도 아닌 (둘 다 부정)	Dafür habe ich **weder** Zeit **noch** Geld. 나는 그것을 하기 위한 시간도 돈도 없어.
sowohl A(,) als auch B A도 B도 (둘 다)	Er kann **sowohl** Englisch **als auch** Französisch sprechen. 그는 영어도 프랑스어도 할 수 있어.

9 특정한 전치사와 결합하는 동사

beginnen mit + 3격 (= anfangen mit) ~을/를 시작하다	Der Lehrer **beginnt** sofort mit dem Unterricht. = Der Lehrer **fängt** sofort **mit** dem Unterricht an. 선생님은 곧 수업을 시작한다.
danken für + 4격 ~에 감사하다	Ich **danke** Ihnen **für** Ihre Einladung. 당신의 초대에 감사합니다.
bitten um + 4격 ~을/를 부탁하다	Mein Freund **bittet** mich **um** Hilfe. 내 친구가 내게 도움을 요청한다.
denken an + 4격 ~을/를 생각하다	Ich **denke** oft **an** meine Großmutter. 나는 종종 할머니를 생각한다.
antworten auf + 4격 ~에 대답하다	Er **antwortet** mir **auf** meine Frage. 그가 나의 질문에 답한다.
fragen nach + 3격 ~을/를 묻다	**Fragen** wir den Mann **nach** dem Weg. 저 남자에게 길을 물어보자.

| gehören zu + 3격
~에 속하다 | Er **gehört zu** unserer Gruppe.
그는 우리 그룹에 속해. |
| teilnehmen an + 3격
~에 참여하다 | Ich will **an** dem Wettbewerb **teilnehmen**.
난 그 경주에 참가할 거야. |

🔟 특정한 전치사와 결합하는 형용사

stolz sein auf + 4격 ~을/를 자랑스러워하는	Die Frau ist **stolz auf** ihre Tochter. 그녀는 자신의 딸을 자랑스러워한다.
zufrieden sein mit + 3격 ~에 만족하는	Ich bin **mit** dem neuen Wagen **zufrieden**. 나는 새 자동차에 만족한다.
einverstanden sein mit + 3격 ~에 동의하는	Er ist **mit meinem** Vorschlag **einverstanden**. 그는 내 제안에 동의해.
bekannt sein mit + 3격 ~을/를 잘 아는	Ich bin schon lange **mit** dem Jungen **bekannt**. 나는 그 소년을 안 지가 이미 오래다.
interessiert sein an + 3격 ~에 흥미가 있는	Anna ist auch **an** dem Film **interessiert**. 안나도 역시 그 영화에 관심이 있어.

원형	과거	과거 분사	현재	명령형 (du)
backen (빵을) 굽다	backte	hat gebacken	du bäckst/backst er bäckt/backt	back(e)!
befehlen 명령하다	befahl	hat befohlen	du befiehlst er befiehlt	befiehl!
beginnen 시작하다	begann	hat begonnen		beginn(e)!
beißen (깨)물다	biss	hat gebissen		beiß(e)!
bergen 구조하다	barg	hat geborgen	du birgst er birgt	birg!
bewegen ~을/를 하게 하다	bewog	hat bewogen		beweg(e)!
biegen 1. 구부러지다 2. 구부리다	bog	1. ist gebogen 2. hat gebogen		bieg(e)!
bieten 제공하다	bot	hat geboten		biet(e)!
binden 매다	band	hat gebunden		bind(e)!
bitten 요청하다	bat	hat gebeten		bitt(e)!
blasen 불다	blies	hat geblasen	du bläst er bläst	blas(e)!
bleiben 머무르다	blieb	ist geblieben		bleib(e)!
braten (고기를) 굽다	briet	hat gebraten	du brätst er brät	brat(e)!
brechen 1. 깨지다 2. 깨다	brach	1. ist gebrochen 2. hat gebrochen	du brichst er bricht	brich!
brennen (불)타다	brannte/brennte	hat gebrannt		brenn(e)!
bringen 가져오다	brachte	hat gebracht		bring(e)!
denken 생각하다	dachte	hat gedacht		denk(e)!
dürfen ~해도 좋다	durfte	hat gedurft	ich darf du darfst er darf	

원형	과거	과거 분사	현재	명령형 (du)
empfehlen 추천하다	empfahl	hat empfohlen	du empfiehlst er empfiehlt	empfiehl!
essen 먹다	aß	hat gegessen	du isst er isst	iss!
fahren 1. (차를) 타고 가다 2. 운전하다	fuhr	1. ist gefahren 2. hat gefahren	du fährst er fährt	fahr(e)!
fallen 떨어지다	fiel	ist gefallen	du fällst er fällt	fall(e)!
fangen 잡다	fing	hat gefangen	du fängst er fängt	fang(e)!
finden 발견하다	fand	hat gefunden		find(e)!
flechten 엮다	flocht	hat geflochten	du flichtst er flicht	flicht!
fliegen 1. 날아가다 2. (비행기를) 조종하다	flog	1. ist geflogen 2. hat geflogen		flieg(e)!
fliehen 달아나다	floh	ist geflohen		flieh(e)!
fließen 흐르다	floss	ist geflossen		fließ(e)!
fressen (동물이) 먹다	fraß	hat gefressen	du frisst er frisst	friss!
frieren 1. 추워하다 2. 얼다	fror	1. hat gefroren 2. ist gefroren		frier(e)!
gären 1. 발효시키다 2. 발효하다	gor	1. hat gegoren 2. ist gegoren		gär(e)!
gebären 낳다	gebar	hat geboren	du gebierst sie gebiert	gebier! (드물게)
geben 주다	gab	hat gegeben	du gibst er gibt	gib!
gedeihen 번영하다	gedieh	ist gediehen		gedeih(e)!
gehen 가다	ging	ist gegangen		geh(e)!

원형	과거	과거 분사	현재	명령형 (du)
gelingen 성공하다	gelang	ist gelungen		geling(e)!
gelten 유효하다, 간주하다	galt	hat gegolten	du giltst er gilt	gilt! (드물게)
genießen 즐기다, 누리다	genoss	hat genossen		genieß(e)!
geschehen (사건이) 일어나다	geschah	ist geschehen	es geschieht	
gewinnen 얻다, 이기다	gewann	hat gewonnen		gewinn(e)!
gießen 붓다	goss	hat gegossen		gieß(e)!
gleichen 비슷하다, 닮다	glich	hat geglichen		gleich(e)
gleiten 미끄러지다	glitt	ist geglitten		gleit(e)
glimmen 희미하게 빛나다	glomm	hat geglommen		glimm(e)!
graben 파다	grub	hat gegraben	du gräbst er gräbt	grab(e)!
greifen 잡다	griff	hat gegriffen		greif(e)!
haben 가지다	hatte	hat gehabt	du hast er hat	hab(e)!
halten 지니다, 멈추다	hielt	hat gehalten	du hältst er hält	halt(e)!
hauen 베다	hieb	hat gehauen		hau(e)!
heben 올리다	hob	hat gehoben		heb(e)!
heißen ~(이)라고 불리다	hieß	hat geheißen		heiß(e)!
helfen 돕다	half	hat geholfen	du hilfst er hilft	hilf!
kennen 알다	kannte	hat gekannt		kenn(e)!
klingen (소리가) 울리다	klang	hat geklungen		kling(e)!

원형	과거	과거 분사	현재	명령형 (du)
kneifen (꼬)집다	kniff	hat gekniffen		kneif(e)!
kommen 오다	kam	ist gekommen		komm(e)!
können 할 수 있다	konnte	hat gekonnt		
kriechen 기다	kroch	ist gekrochen		kriech(e)!
laden 싣다	lud	hat geladen	du lädst er lädt	lad(e)!
lassen ~하게 하다	ließ	hat gelassen	du lässt er lässt	lass(e)!
laufen 달리다	lief	ist gelaufen	du läufst er läuft	lauf(e)!
leiden 괴로워하다	litt	hat gelitten		leid(e)!
leihen 빌려주다	lieh	hat geliehen		leih(e)!
lesen 읽다	las	hat gelesen	du liest er liest	lies!
liegen 누워(놓여) 있다	lag	hat gelegen		lieg(e)!
lügen 거짓말하다	log	hat gelogen		lüg(e)!
mahlen 빻다	mahlte	hat gemahlen		mahl(e)!
meiden 피하다	mied	hat gemieden		meid(e)!
messen 재다	maß	hat gemessen	du misst er misst	miss!
misslingen 실패하다	misslang	ist misslungen		
mögen 좋아하다	mochte	hat gemocht	ich mag du magst er mag	
müssen ~해야 하다	musste	hat gemusst	ich muss du musst er muss	

원형	과거	과거 분사	현재	명령형 (du)
nehmen 잡다, 받다	nahm	hat genommen	du nimmst er nimmt	nimm!
nennen 명명하다	nannte	hat genannt		nenn(e)!
pfeifen 휘파람을 불다	pfiff	hat gepfiffen		pfeif(e)!
preisen 칭찬하다	pries	hat gepriesen		preis(e)!
raten 조언하다	riet	hat geraten	du rätst er rät	rat(e)!
reiben 문지르다	rieb	hat gerieben		reib(e)!
reißen 1. 찢다 2. 끊어지다	riss	1. hat gerissen 2. ist gerissen		reiß(e)!
reiten 1. 말을 타다 2. 말을 타고 가다	ritt	1. hat geritten 2. ist geritten		reit(e)!
rennen 질주하다	rannte	ist gerannt		renn(e)!
riechen 냄새나다	roch	hat gerochen		riech(e)!
ringen 격투하다	rang	hat gerungen		ring(e)!
rinnen 흐르다	rann	ist geronnen		rinn(e)!
rufen 부르다	rief	hat gerufen		ruf(e)!
saufen (동물이) 마시다	soff	hat gesoffen	du säufst er säuft	sauf(e)!
schaffen 창작(창조)하다	schuf	hat geschaffen		schaff(e)!
scheiden 1. 분리하다 2. 헤어지다	schied	1. hat geschieden 2. ist geschieden		scheid(e)!
scheinen (빛이) 비치다	schien	hat geschienen		schein(e)!

원형	과거	과거 분사	현재	명령형 (du)
schelten 꾸짖다	schalt	hat gescholten	du schiltst er schilt	schilt!
schieben 밀다	schob	hat geschoben		schieb(e)!
schießen 1. 쏘다 2. 질주하다	schoss	1. hat geschossen 2. ist geschossen		schieß(e)!
schlafen 잠자다	schlief	hat geschlafen	du schläfst er schläft	schlaf(e)!
schlagen 치다, 때리다	schlug	hat geschlagen	du schlägst er schlägt	schlag(e)!
schleichen 살금살금 기다	schlich	ist geschlichen		schleich(e)!
schleifen 갈다, 연마하다	schliff	hat geschliffen		schleif(e)!
schließen 닫다, 잠그다	schloss	hat geschlossen		schließ(e)!
schlingen 휘감다	schlang	hat geschlungen		schling(e)!
schmeißen 던지다	schmiss	hat geschmissen		schmeiß(e)!
schmelzen 녹다	schmolz	ist geschmolzen	du schmilzt er schmilzt	schmilz! (드물게)
schneiden 자르다	schnitt	hat geschnitten		schneid(e)!
schreiben 글을 쓰다	schrieb	hat geschrieben		schreib(e)!
schreien 외치다	schrie	hat geschrien		schrei(e)!
schreiten 걷다	schritt	ist geschritten		schreit(e)!
schweigen 침묵하다	schwieg	hat geschwiegen		schweig(e)!
schwimmen 수영하다	schwamm	hat/ist geschwomme		schwimm(e)!

원형	과거	과거 분사	현재	명령형 (du)
schwinden 사라지다	schwand	ist geschwunden		schwind(e)!
schwingen 흔들다	schwang	hat geschwungen		schwing(e)!
schwören 맹세하다	schwor	hat geschworen		schwör(e)!
sehen 보다	sah	hat gesehen	du siehst er sieht	sieh!
sein ~이다, 있다	war	ist gewesen		sei!
senden 보내다	sandte	hat gesandt		send(e)!
singen 노래하다	sang	hat gesungen		sing(e)!
sinken 가라앉다	sank	ist gesunken		sink(e)!
sinnen (곰곰이) 생각하다	sann	hat gesonnen		sinn(e)!
sitzen 앉아 있다	saß	hat gesessen		sitz(e)!
sollen 당연히 ~해야 한다	sollte	hat gesollt	ich soll du sollst er soll	
spalten 쪼개다	spaltete	hat gespalten		spalt(e)!
sprechen 말하다	sprach	hat gesprochen	du sprichst er spricht	sprich!
springen 뛰어오르다	sprang	ist gesprungen		spring(e)!
stechen 찌르다	stach	hat gestochen	du stichst er sticht	stich!
stecken 꽂혀 있다	stak	hat gesteckt		steck(e)!
stehen 서 있다	stand	hat gestanden		steh(e)!
stehlen 훔치다	stahl	hat gestohlen	du stiehlst er stiehlt	stiehl!

원형	과거	과거 분사	현재	명령형 (du)
steigen 올라가다	stieg	ist gestiegen		steig(e)!
sterben 죽다	starb	ist gestorben	du stirbst er stirbt	stirb!
stinken 악취가 나다	stank	hat gestunken		stink(e)!
stoßen 1. 마주치다 2. 밀치다	stieß	1. ist gestoßen 2. hat gestoßen	du stößt er stößt	stoß(e)!
streichen 쓰다듬다, 배회하다	strich	hat gestrichen		streich(e)!
streiten 다투다	stritt	hat gestritten		streit(e)!
tragen 나르다	trug	hat getragen	du trägst er trägt	trag(e)!
treffen 만나다, 맞히다	traf	hat getroffen	du triffst er trifft	triff!
treiben 하다, 몰다	trieb	hat getrieben		treib(e)!
treten 1. 밟다 2. (들어)가다	trat	1. hat getreten 2. ist getreten	du trittst er tritt	tret(e)!
trinken 마시다	trank	hat getrunken		trink(e)!
trügen 거짓말하다	trog	hat getrogen		trüg(e)!
tun 하다	tat	hat getan		tu(e)!
verderben 1. 망하게 하다 2. 상하다	verdarb	1. hat verdorben 2. ist verdorben	du verdirbst er verdirbt	verdirb!
vergessen 잊다	vergaß	vergessen	du vergisst er vergisst	vergiss!
verlieren 잃다	verlor	hat verloren		verlier(e)!
wachsen 자라다	wuchs	ist gewachsen	du wächst er wächst	wachs(e)!
waschen 씻다	wusch	hat gewaschen	du wäschst er wäscht	wasch(e)!

원형	과거	과거 분사	현재	명령형 (du)
weben 짜다	wob	hat gewoben		web(e)!
weichen 양보하다	wich	ist gewichen		weich(e)!
weisen 가리키다	wies	hat gewiesen		weis(e)!
wenden (방향을) 돌리다	wandte	hat gewandt		wend(e)!
werben 구하다, 광고하다	warb	hat geworben	du wirbst er wirbt	wirb!
werden 되다	wurde	ist geworden	du wirst er wird	werd(e)!
werfen 던지다	warf	hat geworfen	du wirfst er wirft	wirf!
wiegen 무게가 ～이다	wog	hat gewogen		wieg(e)!
winden (휘)감다	wand	hat gewunden		wind(e)!
wissen 알고 있다	wusste	hat gewusst	ich weiß du weißt er weiß	wisse!
wollen 원하다	wollte	hat gewollt	ich will du willst er will	wolle!
ziehen 1. 끌다 2. 이동하다	zog	1. hat gezogen 2. ist gezogen		zieh(e)!
zwingen 강요하다	zwang	hat gezwungen		zwing(e)!

1과

문법

1 (1) Guten Tag!
  (2) Gute Nacht!
  (3) Tschüs!
  (4) Auf Wiedersehen!

2 (1) du, er, sie, Ihr
  (2) Ich
  (3) Er
  (4) Sie

3 (1) kommen
  (2) sind
  (3) kommt
  (4) seid

듣기

● (1) Michel ist Franzose.
  (2) Herr Schneider ist Deutscher.
  (3) Midori ist Japanerin.
  (4) Marco ist Italiener. Maria ist Italienerin.

읽기

● (1) Bist   (2) Nein
  (3) Woher   (4) Ja
  (5) Koreaner (6) heißt

2과

문법

1 (1) bei   (2) von
  (3) Wo   (4) in
  (5) Wo   (6) Was
  (7) aus   (8) bei

2 (1) Flugbegleiterin
  (2) Fußballspieler
  (3) Lehrer
  (4) Krankenschwester

3 (1) Hausfrau   (2) Ärztin
  (3) Angestellte (4) Polizistin
  (5) Bäckerin   (6) Lehrerin

듣기

● (1) ③   (2) ①
  (3) ③

읽기

● (1) heißt   (2) wohnt
  (3) bei   (4) von

3과

문법

1 (1) Das ist eine Lampe.
  (2) Das ist eine Brille.
  (3) Das ist ein Stuhl.
  (4) Das ist eine Zeitung.
  (5) Das ist eine Füller.
  (6) Das ist ein Taschenrechner.

2 (1) ich habe keinen Kuli.
  (2) Doch
  (3) ich habe den Computer nicht.
  (4) ich habe keine Kinder.
  (5) ich wohne nicht in Frankreich.

듣기

● (1) eine Uhr   (2) ein Wörterbuch
  (3) eine Brieftasche (4) ein Handy

읽기

● (1) ein   (2) einen
  (3) einen   (4) kein
  (5) keine   (6) keine
  (7) Doch

4과

문법

1 (1) Das sind unsere Eltern.
  (2) Das ist seine Schwester.
  (3) Das ist ihr Vater.
  (4) Das sind ihre Kinder.

2 (1) machen
  (2) ist, spielen
  (3) Schwimmen

3 (1) Gehen wir heute schwimmen!
  (2) Ich gehe jetzt schlafen.

듣기

● (1) Filme sehen
  (2) Geige spielen
  (3) Bücher lesen
  (4) Schwimmen
  (5) Fußball spielen
  (6) Musik hören

읽기

● (1) Frau, Tochter, Schwiegertochter, Sohn
  (2) Sohn, Schwester, Bruder, Neffe

5과

문법

1 (1) viele   (2) schöne
  (3) interessanter   (4) großen
  (5) schönes   (6) toll

2 (1) ärgerlich   (2) traurig
  (3) glücklich (froh)

3 (1) Leider geht es ihm nicht gut.
  (2) Heute hast du Geburtstag.
  (3) Hier bin ich.

듣기

● (1) ©   (2) ⓐ
  (3) ⓑ

읽기

● (1) Ihnen, mir   (2) dir, dir
  (3) euch, Uns   (4) Ihr
  (5) Ihm   (6) Ihnen

6과

문법

1 (1) darf   (2) mögen
  (3) willst   (4) müsst

2 (1) null drei null siebenunddreißig
      vierundzwanzig sechsundfünfzig
      einundachtzig
  (2) null eins sieben eins vierunddreißig
      sechsundzwanzig siebenunddreißig
      fünfundneunzig

3 (1) ihn   (2) sie
  (3) sie   (4) euch

듣기

● (1) ①   (2) ②

읽기

● (1) ihr   (2) Können
  (3) mich   (4) Wie
  (5) einundsiebzig

7과

문법

1 (1) Es ist zehn nach halb acht. /
      Es ist zwanzig vor acht.
  (2) Es ist halb zehn.
  (3) Es ist fünf vor halb drei.
  (4) Es ist Viertel vor elf.
  (5) Es ist eins. / Es ist ein Uhr.
  (6) Es ist fünf nach halb vier.

2 (1) Um   (2) am
  (3) in   (4) Um

3 (1) Uwe macht das Fenster auf.
  (2) Peter räumt heute sein Zimmer auf.
  (3) Ich sehe am Abend fern.

듣기

- (1) ③   (2) ①
  (3) ③   (4) ③

읽기

- stehe, auf, räume, hole, ab, kaufe, ein, bereite, vor, sehe, fern

---

8과

문법

1 (1) schläft   (2) fängt
  (3) liest   (4) isst

2 (1) älter, als   (2) länger, als
  (3) besser, als   (4) größer, als

3 (1) Anna ist am größten.
  (2) Der Tisch ist am billigsten.
  (3) Marion arbeitet am fleißigsten.

듣기

- (1) ①   (2) ②

읽기

- (1) zusammen   (2) macht
  (3) stimmt

9과

문법

1 (1) ist der dritte März.
  (2) haben wir den siebten Dezember.
  (3) ist der erste Juni.
  (4) haben wir den achten Oktober.
  (5) ist der einundzwanzigste Mai.

2 (1) Sandra will sie ihm kaufen.
  (2) Wir wollen deinen Kindern den Ball geben.
  (3) Bringst du ihnen das Paket?

듣기

- (1) ②   (2) ①
  (3) ①

읽기

- (1) ③   (2) ②

10과

문법

1 (1) im   (2) an der
  (3) neben dem   (4) auf dem

2 (1) am   (2) in
  (3) Im

3 (1) in die Stadt
  (2) stelle
  (3) in den Schrank
  (4) auf das Sofa

듣기

- (1) ③   (2) ③
  (3) ③

읽기

- (1) ③   (2) ④
  (3) ②   (4) ①
  (5) ⑤

11과

문법

1 (1) sei
  (2) machen, Sie, auf
  (3) nimm
  (4) seht, fern
  (5) Warte
  (6) gib
  (7) Ruft, an

2 (1) Sie hat Zahnschmerzen. / Ihr Zahn tut weh.
  (2) Er hat Husten.
  (3) Er hat Fieber.
  (4) Sie hat Bauchschmerzen. / Ihr Bauch tut weh.

듣기

● (1) ①   (2) ②

읽기

● (1) Nimm ein heißes Bad!
  (2) Trink einen Schlaftee!
  (3) Geh abends spazieren!

12과

문법

1 (1) ein Rock   (2) eine Krawatte
  (3) ein Hut   (4) ein Mantel
  (5) Stiefel   (6) ein Hemd

2 (1) vierten (4.)   (2) vierten (4.)
  (3) zweiten (2.)   (4) ersten (1.)

3 (1) Den roten Mantel.
  (2) Eine lange Jacke.
  (3) Das helle T-Shirt.

듣기

● (1) ②   (2) ①

읽기

● (1) Ihnen   (2) den
  (3) Der   (4) mir
  (5) es   (6) Der

13과

문법

1 (1) zur   (2) nach
  (3) zum, mit, dem   (4) entlang

2 (1) Er fährt mit der U-Bahn.
  (2) Er fährt mit dem Flugzeug.
  (3) Er fährt mit dem Bus.
  (4) Er fährt mit dem Taxi.
  (5) Er fährt mit dem Motorrad.
  (6) Er fährt mit dem Schiff.

듣기

● (1) ②   (2) ①
  (3) ③

읽기

● (1) geradeaus   (2) bis
  (3) zur   (4) An
  (5) in   (6) zur
  (7) um   (8) an
  (9) der   (10) an

14과

문법

1 (1) wird   (2) ist
  (3) wirst   (4) sind
  (5) scheint

2 (1) kalt   (2) nebelt
  (3) heiß   (4) regnen
  (5) schneit   (6) donnert

3 (1) Wenn du mir hilfst
  (2) Wenn das Wetter morgen schön ist
  (3) Wenn ich Zeit habe

듣기

● (1) ⓑ   (2) ⓐ
  (3) ⓓ   (4) ⓔ
  (5) ⓒ

읽기

● (1) ✕   (2) ○
  (3) ✕   (4) ○

15과

문법

1 (1) hatten, waren   (2) hatte
   (3) hattet

2 (1) Er besuchte seine Eltern in Berlin.
   (2) Hanna machte die Tür auf.
   (3) Ich half gern meiner Mutter.
   (4) Mein Freund gab mir ein Geschenk.
   (5) Ihr kamt zu spät.

3 (1) Mit wem   (2) Worauf
   (3) Auf wen

듣기

● (1) ⓑ   (2) ⓐ
   (3) ⓑ   (4) ⓑ

읽기

● (1) arbeitete   (2) verdiente
   (3) hatten   (4) half
   (5) lernten   (6) lebten
   (7) lebten   (8) war

16과

문법

1 (1) Ich habe lange geschlafen.
   (2) Ich habe eine E-Mail geschrieben.
   (3) Ich bin zum Abendessen mit Freunden ins Restaurant gegangen.
   (4) Ich habe einen Film im Fernsehen gesehen.

2 (1) Haben Sie das Fenster zugemacht?
   (2) Sind Sie zur Bank gegangen?
   (3) Haben Sie mich nicht verstanden?

3 (1) Er hat eine Pizza bestellt.
   (2) Ich bin gestern Abend zu Hause geblieben.
   (3) Du bist gestern spazieren gegangen.

듣기

● (1) 1   (2) 6
   (3) 3   (4) 2
   (5) 4   (6) 5

읽기

● (1) hat, geklingelt
   (2) habe, verschlafen
   (3) habe, gefrühstückt
   (4) bin, gelaufen
   (5) habe, verpasst
   (6) bin, gekommen
   (7) hat, geschimpft

17과

문법

1 (1) durftet   (2) wollten
   (3) konntest   (4) musste

2 (1) Wenn du doch hier wär(e)st!
   (2) Wenn wir doch viel Zeit hätten!
   (3) Wenn ich doch einen Führerschein hätte!
   (4) Wenn sie doch mir helfen könnte!

3 (1) ich den Film nicht mag.
   (2) wir unsere Eltern abholen wollen.

듣기

● (1) Würdest, anrufen
   (2) Würden, warten
   (3) Würdest, geben
   (4) Würden, zeigen

읽기

● (1) hätte   (2) hätte
   (3) würde   (4) wäre
   (5) möchte   (6) könnte
   (7) wäre

문법

1 (1) dich, dir   (2) uns
   (3) dir   (4) mir
   (5) sich   (6) sich

2 (1) sich, über   (2) sich, für
   (3) dich, an   (4) uns, auf
   (5) sich, mit

3 (1) Neues   (2) Schöneses
   (3) Konkretes

듣기

● (1) ③   (2) ①

읽기

● (1) mir   (2) mir
   (3) mich   (4) —
   (5) —   (6) —

19과

문법

1 (1) wird   (2) werdet
   (3) wirst   (4) werden

2 (1) Das Fenster wird von der Frau aufgemacht.
   (2) Das Paket wird von ihm aufgegeben.
   (3) Ein Sportwagen wird von meinem Onkel
       gekauft.

3 (1) Die Hausaufgaben müssen gemacht werden.
   (2) Ein neues Rathaus muss gebaut werden.
   (3) Der Patient muss operiert werden.

듣기

● (1) zu rauchen   (2) zu kommen
   (3) zu lachen   (4) zu kochen
   (5) zu sein   (6) fernzusehen

읽기

● (1) wird   (2) angesehen
   (3) werden   (4) gelesen
   (5) wird   (6) gelesen
   (7) wird   (8) geehrt

20과

문법

1 (1) Das ist meine Kollegin, die letztes Mal mir
       sehr viel geholfen hat.
   (2) Das ist der Ring, den ich für meine Freundin
       gekauft habe.
   (3) Das sind meine Neffen, denen du Spielzeuge
       geschenkt hast.
   (4) Kennen Sie den Mann, dem dieses Auto
       gehört?

2 (1) mit, dem
   (2) bei, denennen
   (3) an, den
   (4) auf, die
   (5) mit, der
   (6) für, den

듣기

● (1) Hans   (2) Wolfgang
   (3) Gabi   (4) Agnes

읽기

● (1) ©   (2) ⓕ
   (3) ⓐ   (4) ⓑ
   (5) ⓓ   (6) ⓔ

1과

듣기

보기   A   Bora, woher kommst du?
      B   Ich komme aus Korea.

(1)   A   Michel, woher kommst du?
      B   Ich komme aus Frankreich.

(2)   A   Herr Schneider, woher kommen Sie?
      B   Ich komme aus Deutschland.

(3)   A   Bora, woher kommt Midori?
      B   Sie kommt aus Japan.

(4)   A   Marco, Maria, woher kommt ihr?
      B   Wir kommen aus Italien.

보기   A   보라, 너는 어느 나라에서 왔니?
      B   난 한국에서 왔어.

(1)   A   미헬, 너는 어느 나라에서 왔니?
      B   나는 프랑스에서 왔어.

(2)   A   슈나이더 씨, 어느 나라에서 오셨나요?
      B   저는 독일에서 왔습니다.

(3)   A   보라, 미도리는 어느 나라에서 왔니?
      B   그녀는 일본에서 왔어.

(4)   A   마르코, 마리아, 너희들은 어느 나라에서 왔니?
      B   우리는 이탈리아에서 왔어요.

읽기

A   안녕, 네가 토마스니?
B   아니, 난 마르코야.
A   넌 어느 나라에서 왔니?
B   난 이탈리아에서 왔어. 너는 한국에서 왔니?
A   응, 난 한국에서 왔어.
B   아, 넌 한국 사람이구나. 이름이 뭐니?
A   내 이름은 민호야.

2과

듣기

Tobias   Guten Tag, ich bin Tobias Klein.
Viktoria   Guten Tag, ich bin Viktoria Beckham.
Tobias   Woher kommen Sie?
Viktoria   Ich komme aus England. Und Sie?

Tobias   Ich komme aus Österreich.
            Was machen Sie hier in Deutschland?
Viktoria   Ich arbeite hier. Ich bin Ärztin.
Tobias   Aha, wohnen Sie hier in Hamburg?
Viktoria   Nein, ich wohne in Hannover.

토비아스   안녕하세요, 전 토비아스 클라인입니다.
빅토리아   안녕하세요, 전 빅토리아 베컴입니다.
토비아스   어느 나라에서 왔습니까?
빅토리아   영국에서 왔습니다. 당신은요?
토비아스   저는 오스트리아에서 왔습니다. 이곳 독일에서 무엇을 하나요?
빅토리아   이곳에서 일합니다. 전 의사예요.
토비아스   아, 그렇군요. 함부르크에 사세요?
빅토리아   아뇨, 전 하노버에 살아요.

읽기

이 사람은 제 친구입니다.
이름은 페터입니다.
나이는 35세입니다.
그는 슈투트가르트에 살고 있습니다.
그는 헨켈 사에서 일을 하고 있습니다.
그의 직업은 엔지니어입니다.

3과

듣기

(1)   A   Was kaufst du?
      B   Ich kaufe eine Uhr.

(2)   A   Hast du ein Wörterbuch?
      B   Ja, ich habe ein Wörterbuch.

(3)   A   Ist das deine Brieftasche?
      B   Ja, das ist meine Brieftasche.

(4)   A   Was ist das?
      B   Das ist ein Handy.

(1)   A   너 뭐 사려고 하는데?
      B   나는 시계를 하나 사려고 해.

(2)   A   너는 사전이 있니?
      B   응, 나 사전 있어.

(3)   A   이거 네 지갑이니?
      B   응, 그거 내 지갑이야.

(4) A 이건 뭐야?
    B 그건 휴대폰이야.

A 네 방엔 무엇이 있니?
B 내 방엔 하나의 침대, 책상과 의자가 있어.
A 네 방에 없는 것은 무엇이니?
B 내 방엔 전화, 책들과 잡지들은 없어.
A 네 방에 컴퓨터 없어?
B 아니, 컴퓨터는 있어.

4과

듣기

(1) A Was ist Ihr Hobby?
    B Ich sehe gern Filme.
(2) A Was macht er gern?
    B Er spielt gern Geige.
(3) A Was ist dein Hobby?
    B Mein Hobby ist Lesen.
(4) A Was ist sein Hobby?
    B Sein Hobby ist Schwimmen.
(5) A Was macht er gern?
    B Er spielt gern Fußball.
(6) A Was ist ihr Hobby?
    B Ihr Hobby ist Musik hören.

(1) A 당신의 취미는 무엇입니까?
    B 저는 영화를 즐겨 봅니다.
(2) A 그는 무엇을 즐겨 합니까?
    B 그는 바이올린 연주를 즐깁니다.
(3) A 너의 취미는 뭐니?
    B 나의 취미는 독서야.
(4) A 그의 취미는 뭐니?
    B 그의 취미는 수영이야.
(5) A 그는 무엇을 즐겨 하니?
    B 그는 축구를 즐겨 해.
(6) A 그녀의 취미는 무엇이니?
    B 그녀의 취미는 음악 감상이야.

읽기

(1) 저는 슈테판입니다. 내 아내의 이름은 안나입니다. 사라는 제 딸입니다. 마리아는 제 며느리입니다. 페터는 제 아들입니다.

(2) 저는 사라입니다. 제 아들의 이름은 미헬입니다. 그의 여자 형제 이름은 리자입니다. 페터는 저의 남자 형제입니다. 플로리안은 제 남자 조카입니다.

5과

듣기

ⓐ A Wie geht es Ihnen?
   B Es geht mir nicht so gut.
ⓑ A Wie geht es dir?
   B Mir geht es ausgezeichnet.
ⓒ A Wie geht es ihr?
   B Ihr geht es so lala.

ⓐ A 어떻게 지내세요?
   B 그렇게 잘 지내지 못해요.
ⓑ A 너는 어떻게 지내니?
   B 나는 아주 잘 지내요.
ⓒ A 그녀는 어떻게 지내요?
   B 그럭저럭 지내요.

읽기

(1) A 안녕하세요, 슈나이더 씨, 어떻게 지내요?
    B 고마워요! 아주 잘 지내요.
(2) A 안녕, 페터. 어떻게 지내?
    B 아주 잘 지내. 너는?
(3) A 안녕, 안나! 안녕, 토비아스! 너희들 어떻게 지내니?
    B 우리는 아주 잘 지내.
(4) A 안녕, 마리아! 좀머 부인은 어떻게 지내시니?
    B 그렇게 잘 지내시지 못해.
(5) A 안녕하세요, 빈터 부인! 플로리안은 어떻게 지내나요?
    B 유감스럽게도 잘 못 지내요.
(6) A 안녕, 보라! 너의 부모님은 어떻게 지내시니?
    B 아주 잘 지내셔.

6과

듣기

A Wie heißen Sie?

B Mein Name ist Katja Heinemann.

A Woher kommen Sie?

B Ich komme aus Berlin, jetzt wohne ich aber in Hamburg.

A Sind Sie verheiratet?

B Ja.

A Was machen Sie?

B Ich bin Ingenieurin von Beruf. Aber zurzeit bin ich Hausfrau. Meine Kinder sind noch klein.

A Und wie ist Ihre Handynummer?

B Meine Handynummer ist 0172) 34 25 68 77

A 성함이 어떻게 되시나요?

B 제 이름은 카트야 하이네만입니다.

A 어디 출신이세요?

B 베를린 출신이에요. 그러나 지금은 함부르크에서 살고 있습니다.

A 기혼이십니까?

B 예.

A 직업은요?

B 엔지니어인데 현재는 가정주부입니다. 제 아이들이 아직 어리거든요.

A 휴대폰 번호가 어떻게 되나요?

B 제 휴대폰 번호는 0172) 34 25 68 77입니다.

읽기

A 안녕하세요, 저는 김보라입니다. 뮐러 부인과 통화할 수 있을까요?

B 유감스럽게도 그녀는 지금 사무실에 없습니다. 메시지를 남겨 드릴까요?

A 제게 전화를 해 달라고 전해 주실 수 있나요?

B 당신의 전화번호가 어떻게 되죠?

A 제 전화번호는 0172) 46 71 29 50입니다.

B 제가 다시 말해 볼게요. 0172) 46 71 29 50.

7과

듣기

Anna geht jetzt zum Deutschkurs. Der Kurs fängt um Viertel nach vier an und dauert zwei Stunden. Danach geht sie nach Hause und bereitet das Abendessen vor. Nach dem Abendessen geht sie noch zum Computerkurs. Der beginnt um halb neun.

안나는 지금 독일어 강좌를 들으러 갑니다. 강좌는 4시 15분에 시작하고 2시간 동안 진행됩니다. 그 이후에 그녀는 집으로 가서 저녁 식사를 준비하죠. 저녁 식사를 하고 나서 그녀는 다시 컴퓨터 강좌를 들으러 갑니다. 컴퓨터 강좌는 8시 반에 시작합니다.

읽기

나는 7시에 일어납니다. 9시부터 10시까지는 집을 정돈합니다. 12시에 나는 아들을 유치원에서 데리고 옵니다. 오후 3시에는 슈퍼마켓에서 쇼핑을 합니다. 그러고 나서 5시에 저녁 준비를 하지요. 7시에서 8시까지 나는 컴퓨터 강좌를 듣습니다. 9시에서 10시까지는 가족과 함께 TV를 봅니다. 11시에 잠자리에 들지요.

8과

듣기

A Wir möchten gern bestellen.

B Bitte, was bekommen Sie?

A Ich nehme eine Gemüsesuppe und ein Hähnchen.

B Und was möchten Sie trinken?

A Ein Glas Rotwein, bitte.

B Und Sie? Was möchten Sie?

A 주문하려고 합니다.

B 예, 무엇을 주문하시겠습니까?

A 야채 스프와 치킨을 주세요.

B 음료수는 무엇으로 하시겠습니까?

A 적포도주 한 잔 주세요.

B 당신은요? 무엇을 주문하시겠습니까?

A 계산하고 싶습니다.

B 예, 금방 갈게요. 자, 함께 계산하시겠습니까? 아니면 각자 계산하시겠습니까?

A 각자 하겠습니다.

B 무엇을 지불하시겠습니까?

A 돼지구이와 맥주입니다.

B 13.90유로입니다.

A 15유로입니다. 거스름돈은 필요 없습니다.

B 감사합니다.

9과

듣기

A Olga hat bald Geburtstag.

B Wann hat sie denn Geburtstag?

A Am 16. Juli.

B Welcher Wochentag ist der 16. Juli?

A Donnerstag. Und was wollen wir ihr schenken?

B Wir schenken ihr ein Buch, sie liest ja gern.

A 올가가 곧 생일이야.

B 언제 생일인데?

A 7월 16일이야.

B 7월 16일이 무슨 요일이지?

A 목요일이야. 근데 우리 뭐 선물할까?

B 책을 한 권 선물하자. 독서를 좋아하잖아.

읽기

가비에게,

내가 20살이 돼. 그래서 너와 나의 다른 친구들과 함께 파티를 하려고 해. 파티는 5월 3일 토요일 저녁 7시야. 너를 진심으로 초대하고 싶어. 시간 있니? 수요일까지 답장을 주거나 전화해 줘.

인사를 전하며

너의 타냐가

10과

듣기

(1) A Wo ist Frau Sommer?
    B ① Sie ist im Wohnzimmer.
       ② Sie ist im Bad.
       ③ Sie ist in der Küche.
       ④ Sie ist im Schlafzimmer.

(2) A Wo ist Herr Braun?
    B ① Er ist in der U-Bahn.
       ② Er ist im Bus.
       ③ Er ist im Auto.
       ④ Er ist im Zug.

(3) A Wo ist Jan?
    B ① Er ist zu Hause.
       ② Er ist im Büro.
       ③ Er ist unterwegs.
       ④ Er ist im Kino.

(1) A 좀머 부인은 어디에 있습니까?
    B ① 그녀는 거실에 있습니다.
       ② 그녀는 욕실에 있습니다.
       ③ 그녀는 부엌에 있습니다.
       ④ 그녀는 침실에 있습니다.

(2) A 브라운씨는 어디에 있습니까?
    B ① 그는 지하철 안에 있습니다.
       ② 그는 버스 안에 있습니다.
       ③ 그는 자동차 안에 있습니다.
       ④ 그는 기차 안에 있습니다.

(3) A 얀은 어디에 있습니까?
    B ① 그는 집에 있습니다.
       ② 그는 사무실에 있습니다.
       ③ 그는 이동 중입니다.
       ④ 그는 극장에 있습니다.

읽기

(1) 그녀는 텔레비전 앞에 앉아 있다.

(2) 그는 스키를 차 위에 올린다.

(3) 기타가 문 뒤에 있다.

(4) 재킷이 장 안에 걸려 있다.

(5) 그는 책들을 책장에 꽂는다.

11과

듣기

Jena	Guten Tag, Herr Doktor.
Doktor	Guten Tag, Frau Kim. Was fehlt Ihnen?
Jena	Mir geht es nicht so gut. Zur Zeit habe ich oft Magenschmerzen.
Doktor	Essen Sie denn zu viel oder zu fett?
Jena	Nein, ich esse nur ganz wenig.
Doktor	Am besten ziehen Sie sich aus und legen Sie sich dahin. Tut das weh?
Jena	Nein.
Doktor	Und das?
Jena	Auch nicht.
Doktor	Frau Kim, arbeiten Sie zu viel?
Jena	Das kann man wohl sagen.
Doktor	Das kann nur Stress sein. Ich schreibe hier ein Medikament auf, das nehmen Sie morgens, mittags und abends.

예나	안녕하세요, 선생님!
의사	안녕하세요, 김예나 씨. 어디가 안 좋으신가요?
예나	상태가 좋지가 않아요. 요즘 자주 복통이 있거든요.
의사	과식을 하거나 너무 기름지게 드시나요?
예나	아뇨, 전 식사량이 아주 적어요.
의사	옷을 벗으시고 저쪽으로 누우시는 것이 좋겠습니다. 아프세요?
예나	아뇨.
의사	여기는요?
예나	역시 안 아파요.
의사	김예나 씨, 일을 너무 많이 하시나요?
예나	그렇다고 할 수 있어요.
의사	스트레스 때문일 수 있어요. 제가 약을 처방해 드릴 테니 아침, 점심 그리고 저녁에 복용하세요.

읽기

매일 밤 똑같습니다. 불을 끄고 잠을 자려고 애쓰죠. 그러나 잠들 수가 없어요. 그러고 나면 저는 아침마다 몹시 피곤합니다. 저는 정말 깨지 않고 자고 싶고 한번 푹 자고 싶어요. 그러나 밤에 자주 깨곤 하죠. 불면증을 극복하기 위해 저는 반드시 무언가를 해야만 합니다. 그렇지 않으면 심한 병에 걸릴 것 같아요. 제가 어떻게 해야 할까요?

12과

듣기

Verkäuferin	Guten Tag! Was kann ich für Sie tun?
Jena	Guten Tag! Ich suche ein Kleid.
Verkäuferin	Was für ein Kleid suchen Sie denn?
Jena	Ein langes, am liebsten ein rotes.
Verkäuferin	Welche Größe haben Sie?
Jena	Größe 38.
Verkäuferin	Wollen Sie das mal anprobieren?
Jena	Ja, gern.

판매원	안녕하세요! 무엇을 해 드릴까요?
예나	안녕하세요. 원피스 하나 찾고 있어요.
판매원	어떤 종류의 원피스를 찾으시나요?
예나	긴 종류로요. 빨간색이 가장 좋아요.
판매원	사이즈가 어떻게 되시죠?
예나	38이요.
판매원	이거 한번 입어 보실래요?
예나	예, (기꺼이) 입어 볼게요.

읽기

A 안녕하세요, 도와드릴까요?

B 안녕하세요, 저는 노트북을 하나 찾고 있습니다.

A 여기 이거 어때요?

B 그거 제 마음에 들어요. 가격이 얼마죠?

A 899유로입니다.

B 저한테는 너무 비싸군요. 좀 더 싼 것은 없나요?

A 저기에 있는 저것은 조금 더 쌉니다. 799유로예요.

13과

듣기

(1) A Entschuldigung, wie komme ich zur Gotheschule?

B Das ist ganz einfach. Gehen Sie diese Straße immer geradeaus.

(2) A Verzeihung, wo ist hier eine Bushaltestelle?
    B Das ist nicht weit von hier. Gehen Sie geradeaus bis zur Ampel, und dann nach rechts.
(3) A Entschuldigung, gibt es hier eine U-Bahnstation?
    B Ja, gehen Sie um die Ecke, dann sehen Sie sie schon.

(1) A 실례지만, 괴테학교를 어떻게 가나요?
    B 아주 간단해요. 이 거리를 계속 쭉 따라가세요.
(2) A 실례합니다만, 버스 정거장이 어디에 있습니까?
    B 여기서 멀지 않아요. 신호등까지 직진하세요. 그러고 나서 오른쪽으로 가시면 됩니다.
(3) A 실례지만, 여기에 지하철역이 있습니까?
    B 예, 모퉁이를 돌아가시면 역이 보입니다.

시립 도서관을 어떻게 가나요?

여기 파울거리를 직진해서 교차로까지 가세요. 그러고 나서 교차로에서 오른쪽 칸트거리로 들어가세요. 100미터를 가시고 난 후에 매리어트 호텔의 모퉁이가 나옵니다. 모퉁이를 돌아가세요. 그러고 나서 교회를 지나가시고 신호등에서 길을 건너셔야 합니다. 거기가 시립 도서관입니다.

14과

듣기

ⓐ A Hast du einen Regenschirm dabei?
   B Nein, ich habe ihn vergessen.
ⓑ A Oh Gott, ich kann überhaupt nichts mehr sehen.
   B Fahr doch bitte langsamer!
ⓒ A Ich schwitze wie in der Sauna.
   B Wir brauchen wirklich eine Klimaanlage.
ⓓ A Es donnert wieder. Ich habe Angst.
   B Keine Angst! Wir sind doch zu Hause.
ⓔ A Du hättest dich besser dicker angezogen.
   B Ja, stimmt. Komm, wir gehen schneller.

ⓐ A 우산 가지고 왔어?
   B 아니, 잊어버렸어.
ⓑ A 맙소사, 더 이상 아무것도 볼 수가 없어.
   B 운전을 좀 더 천천히 해.
ⓒ A 사우나에 있는 것처럼 땀이 나네.
   B 우리 정말 에어컨이 필요해.
ⓓ A 다시 천둥이 치네. 나 무서워.
   B 걱정 마! 집인데 뭐.
ⓔ A 옷을 더 두껍게 입지 그랬어.
   B 그러게. 우리 더 빨리 걸어가자.

읽기

일기 예보가 이어지겠습니다. 전체적인 기상 상황은 여전히 불안정합니다. 오늘 북부 지방에는 몇 차례 비가 내리겠습니다. 내일도 역시 서늘하고 비가 오는 상태로 머물겠습니다. 남부 지방은 때때로 해가 나겠으나 기온은 8도를 넘지 못할 것입니다.

15과

듣기

(1) Worauf wartet Christine?
    ⓐ Auf ihren Mann.
    ⓑ Auf den Bus.
(2) Womit fährst du nach Hause?
    ⓐ Mit dem Zug.
    ⓑ Mit meinen Freunden.
(3) Mit wem geht ihr ins Kino?
    ⓐ Mit der U-Bahn.
    ⓑ Mit unserem Lehrer.
(4) Womit spielt das Kind?
    ⓐ Mit seiner Mutter.
    ⓑ Mit einem Ball.

(1) 크리스티네는 무엇을 기다리니?
    ⓐ 그녀의 남편을 기다려.
    ⓑ 버스를 기다려.
(2) 너는 무엇을 타고 집에 가니?
    ⓐ 기차를 타고 가.
    ⓑ 내 친구들과 함께.

(3) 너희들은 누구와 극장에 가니?
    ⓐ 지하철을 타고
    ⓑ 우리 선생님과 함께.

(4) 아이는 무엇을 가지고 놀고 있니?
    ⓐ 아이의 엄마와 함께.
    ⓑ 공을 가지고 놀아.

읽기

예전 독일의 가정

사람들은 일찍 일을 시작했습니다.
단지 남자만 돈을 벌었죠.
가족들은 아이들이 많았죠.
남자는 가사를 돕지 않았어요.
단지 소수의 여성들만 직무를 익혔습니다.
조부모님들은 대부분 아이들과 함께 살았습니다.
미혼 커플은 함께 동거하지 않았어요.
집안에서 남자가 주인이었죠.

16과

듣기

Mara ist am Samstag um 8 Uhr aufgestanden. Und dann hat sie mit ihrer Familie gefrühstückt. Danach hat sie ihr Zimmer aufgeräumt. Gegen 11 Uhr hat sie ihren Freund Fabian angerufen. Um 14 Uhr hat sie ihn getroffen. Am Abend ist sie mit einer Freundin zusammen spazieren gegangen.

마라는 토요일 8시에 일어났습니다. 그러고 나서 그녀는 그녀의 가족과 아침 식사를 했습니다. 그 후에 자신의 방을 정돈했지요. 11시경에 그녀는 남자 친구인 파비안에게 전화를 했습니다. 14시에 그녀는 그를 만났습니다. 저녁에 그녀는 여자 친구와 함께 산책을 갔습니다.

읽기

토니에게,

얼마나 끔찍한 하루였던지! 알람이 울리지 않았고 나는 늦잠을 잤어. 아침도 못 먹고 지하철역으로 달렸지. 그럼에도 불구하고 난 지하철을 놓치고 말았어. 당연히 직장에 너무 늦게 도착했어. 내 상사가 야단을 쳤어. 다시는 이런 일이 생기지 않기를 바라.

안녕

니나가

17과

듣기

(1) Ruf mich bitte noch mal an!
(2) Warten Sie bitte einen Moment!
(3) Gib mir den Bleistift!
(4) Zeigen Sie mir bitte den Weg!

(1) 나에게 다시 한번 전화해 줘!
(2) 잠깐만 기다려 주세요!
(3) 내게 연필을 줘!
(4) 제게 길을 알려 주세요!

읽기

나의 소망

난 매일 같은 것을 꿈꾼다. 만약 내가 돈이 많다면 더 이상 일을 할 필요가 없을 것이다. 그렇다면 난 시간이 많을 것이고 외국으로 여행을 갈 것이다.

독일에 가장 가고 싶다. 그것은 내가 항상 꿈꾸었던 것이다. 거기에서 난 가장 먼저 독일 맥주와 독일 소시지를 먹어 보고 싶다. 그러고 나서 베를린을 구경할 것이다. 베를린은 독일의 수도이기 때문에 거기엔 분명히 볼 것이 많이 있을 것이다. 이것이 실현될 수 있다면 난 정말 행복할 텐데.

18과

듣기

Lea   Wofür interessierst du dich?

Luca   Ich interessiere mich für die klassischen Werke von deutschen Autoren. Goethe ist mein Lieblingsautor. Und du? Wofür interessierst du dich?

Lea   Ich spiele gern Basketball. Außerdem interessiere ich mich auch für Tischtennis.

Luca   Worüber ärgerst du dich am meisten?

Lea   Ich ärgere mich am meisten über die unfreundliche Bedienung im Restaurant.

레아 　너는 무엇에 관심이 있니?

루카 　나는 독일 작가들의 고전 작품들에 관심이 있어. 괴테는 내가
　　　제일 좋아하는 작가야. 너는? 넌 무엇에 관심이 있니?

레아 　나는 농구를 즐겨 해. 그 밖에도 나는 탁구에 관심이 있어.

루카 　너는 무엇에 가장 화가 나니?

레아 　난 레스토랑에서 불친절한 서비스에 가장 화가 나.

읽기

나는 아침 6시 반에 일어납니다. 나는 욕실로 가서 세수를 하고 양
치질을 합니다. 그러고 나서 나는 아침 식사를 준비합니다. 내 남
편은 7시에 깨어 욕실로 갑니다. 그는 면도를 하고 샤워를 합니다.
내가 아침 식사를 준비하는 동안, 내 남편은 어린 아들을 돌봅니
다. 우리는 함께 아침 식사를 합니다. 식사를 하고 난 후에 내 남편
은 설거지를 하고 나는 아이의 옷을 입힙니다. 우리는 기꺼이 가사
를 분담합니다.

19과

듣기

(1) Mein Mann sagt: "Ich mag es nicht, dass du
rauchst."

(2) Mein Mann sagt: "Du kommst immer so spät
aus dem Büro."

(3) Mein Mann sagt: "Warum lachst du nie?"

(4) Mein Mann sagt: "Dein Essen schmeckt mir
nicht."

(5) Mein Mann sagt: "Du kommst schon wieder zu
spät."

(6) Mein Mann sagt: "Du siehst zu viel fern."

(1) 제 남편은 말합니다. "난 당신이 담배 피우는 것이 싫어."

(2) 제 남편은 말합니다. "당신은 사무실에서 언제나 늦게 나와."

(3) 제 남편은 말합니다. "왜 당신은 안 웃지?"

(4) 제 남편은 말합니다. "당신이 한 음식이 맛이 없어."

(5) 제 남편은 말합니다. "당신은 또 너무 늦게 왔군."

(6) 제 남편은 말합니다. "당신은 TV를 너무 많이 봐."

읽기

요한 볼프강 폰 괴테는 독일의 가장 유명한 작가 중의 한 명으로
꼽힌다. 전 세계에서 그의 책들이 읽히고 예찬된다. 괴테에 의해
쓰여진 가장 유명한 책은 "파우스트"이다. 이 책은 독일 학교에서
아주 많이 읽힌다. 오늘날에도 괴테라는 이름은 여전히 존경을 받
고 있다.

20과

듣기

A　Wer sagt das?

Wolfgang sagt: "Meine Frau und ich, wir sind
ohne Kinder total glücklich. Ich glaube nicht, dass
ein Ehepaar unbedingt Kinder haben muss."

Agnes sagt: "Wir wollen ein Kind in drei Jahren.
Dann können wir uns eine Wohnung mit Garten
leisten. Ohne Garten kann man mit einem Kind in
einer Stadt nicht leben."

Hans sagt: "Wir haben gerade erst geheiratet.
Und jetzt wollen wir sofort ein Baby haben. Für
Kinder sind Junge Eltern am besten."

Gabi sagt: "Wir lieben Kinder. Wir möchten auch
gerni welche haben. Aber jetzt noch nicht. Ich
muss jetzt erst mal weiter arbeiten."

A　누가 말한 건가요?

볼프강은 말합니다. "내 아내와 나, 우리는 아이 없이도 아주 행복합
니다. 저는 부부가 반드시 아이를 가져야 한다고 생각하지 않습니다."

아그네스는 말합니다. "우리는 3년 후에 아이를 가지려고 합니다.
그러면 우리는 정원이 있는 집을 가질 수 있죠. 정원 없이 도시에서
아이와 살 수는 없을 것 같습니다."

한스는 말합니다. "우리는 결혼한 지 얼마 안 됩니다. 우리는 당장 아이
를 가지려고 합니다. 아이를 위해서는 부모가 젊은 것이 제일 좋죠."

가비는 말합니다. "우리는 아이들을 사랑합니다. 우리는 기꺼이 아이
를 갖고 싶습니다. 하지만 지금은 아직 아닙니다. 저는 우선 계속 일을
해야만 합니다."

읽기

(1) 나는 사람들을 좋아한다.

(2) 이 사람은 나의 동료이다.

(3) 그 작가의 이름이 무엇인가요?

(4) 이 사람들이 너의 친구들이니?

(5) 나는 1월에 스페인으로 가.

(6) 그 남자는 경찰관이야.

ⓐ "파우스트"를 쓴

ⓑ 네가 그들과 함께 늘 함께 스키를 타러 가는

ⓒ 유쾌한

ⓓ 겨울에도 대개 해가 나는

ⓔ 우리가 아직 기다리는

ⓕ 나를 많이 도와주었던